Sterbende begleiten

**Praktische Hilfen für Begleitende
und Trauernde**

Linus Botha

1

Sterbende begleiten

Praktische Hilfen für Begleitende und Trauernde

Linus Botha

Linus Botha, Sterbende begleiten
ISNB: 9783744896368

Erste Auflage 2018
Zweite Auflage 2018
Dritte Auflage 2018
Vierte Auflage 2019
Herstellung und Verlag
BoD - Books on Demand GmbH
In de Tarpen 42
D-22848 Norderstedt Deutschland

Inhaltsverzeichnis

1.0 Zum Autor

In der Zeit meines Studiums zum Diakon habe ich mich auf den Weg gemacht, um einen kleinen Helfer für Angehörige von sterbenden Menschen zu schreiben. Seit einigen Jahren engagiere ich mich ehrenamtlich und habe Erfahrungen gesammelt, in Teams der Krisenintervention und in der Einsatznachsorge für Feuerwehrangehörige, als Krankenhausseelsorger und als Sterbe- und Trauerbegleiter.

Mit diesem Hintergrund möchte ich in diesem Büchlein meine Erfahrungen teilen und im Folgenden versuchen, Abläufe und praktische Hilfestellungen darstellen, mit ihren Möglichkeiten und Grenzen.

Ich möchte Mut machen, allen denjenigen, die sich zutrauen, anderen Menschen in der größten Not, beim Sterben beizustehen, ihnen zu begegnen, ohne Vorbehalt Trost zu spenden, durch das „einfach da sein". Zeil ist es, damit Menschen in dieser existenziell bedrohlichen Lebenslage Hilfe erfahren und nicht allein sein müssen, damit die Trauer nicht im Kopf bleibt. Ich möchte versuchen, Angehörigen und Helfern Mut zu machen, ein gesundes Maß zu finden, zwischen dem Begleiten, Beraten, Helfen, Dasein, Aushalten und Beistehen. Auch wachsam und behutsam mit dem Bedürfnis nach Abgrenzung, Grenzen, Schutz bei sich und dem anderen umgehen, sein Gegenüber ernst und wahr zu nehmen. Aus meiner Erfahrung sind wir als „Helfende" nicht immer die „Wissenden", sondern wir dürfen ebenso Unterstützung, Dankbarkeit und Hilfe von unserem Gegenüber erfahren. Demut, Zurücknahme und auch Humor sind für mich beim Begleiten von Sterbenden und den An- und Zugehörigen ein gutes Rüstzeug, neben der praktischen Erfahrung.

1.1 Zu diesem Buch

Für viele Angehörige und Freunde eines Sterbenden ist die Zeit des Sterbens, eine Zeit der Krise, Angst und Unsicherheit. Vielleicht geht es Ihnen auch so, dass Fragen Sie belasten, wie z.b. Was geschieht im Sterben? Ich kann nichts gegen das Sterben tun? Wie kann ich helfen? Ist es normal, dass sterbende Menschen meinen, schon verstorbene Menschen oder den Tod zu sehen? Was mache ich im Moment des Sterbens?

In diesem Büchlein möchte ich Ihnen Impulse in der Begleitung Sterbender, in der Zeit des Sterbens anbieten. Bei Ihren Fragen und Zweifeln möchte ich Sie mit Informationen, eigenen Erfahrungen und Gedanken aus der Begleitung Sterbender unterstützen. Es sollen mit den Informationen jedoch keine Regeln aufgestellt werden, oder starre Abfolgen benannt werden, da Sterben immer individuell ist. Sterben wird unterschiedlich empfunden, es verläuft und geschieht nie gleich, sondern ist, wie jedes Geschöpf einzigartig. Jedes Geschöpf und jeder Mensch nähert sich seinem Tod auf seine ihm ganz eigene Art und drückt so in seinem Sterben seine Einmaligkeit aus.

Der Rückblick auf das eigene Leben, Bilanz ziehen, geschieht meist in Träumen, im Halbschlaf oder im monologhaften Gespräch. Einige machen diesen Rückblick in der Stille, ganz für sich allein - anderen wiederum hilft, die stille Anteilnahme eines anderen. Im Begleitenden kann der Sterbende Raum finden, sich selbst, seinem Leben, seinen Erinnerungen zu begegnen. Im und am Gegenüber kann es oft leichter geschehen, dass für den sterbenden Menschen Ordnungen, Zusammenhänge und Sinnhaftigkeit erkennbar werden, dass Ereignisse sich zueinander fügen und z.B. alte Versäumnisse und Schuldhaftes in einem anderen Sinnzusammenhang angenommen werden können. Für uns Außenstehende meist unerkennbar, verarbeitet der Sterbende im Schlaf und schlafähnlichem Zustand viel. Sterbende schlafen normalerweise mehr, als dass sie wach sind, es scheint so, als ob er nur schlafen würde. Durch die Hinwendung nach innen, hat der Sterbende meist weniger das Bedürfnis zu sprechen. Sprache und Worte können ihre Wichtigkeit verlieren. Still sein, wird wichtiger, Zeitlosigkeit entsteht. Sich auf das schweigende Zusammensein einlassen, kann eine neue Brücke als Angehörige/r und Begleiter/in zu dem Sterbenden möglich machen, die Stille kann als heilende Kraft erfahren werden. Wir werden ebenso ein wenig aus der Zeit des Alltags heraus gehoben, durch die Begegnung dürfen wir teilhaben an einer Art Zeitlosigkeit, in der ein Hauch von Ewigkeit erfahrbar werden kann. Durch die Begleitung Sterbender können wir persönlich auch an die Grenze der Belastbarkeit kommen. Sie können spüren, dass sie mehr Kraft haben, als sie selbst sich vorgestellt haben. Die Zeit für Sie kann ebenfalls belastend sein. Als Angehöriger haben Sie einerseits mit den praktischen Fragen, der Pflege, der Organisation zu tun und zum anderen gibt es da die Ungewissheit, wie es weitergehen kann, die Ungewissheit, ob die eigenen Kräfte reichen und die Angst vor dem Moment des Todes. Ebenso wie bei den Betroffenen, wie auch bei uns löst das Sterben vielfältige Gefühle aus, Gefühle der Trauer, der Angst, der Zweifel, der Wut, der Schuld, der Ohnmacht. Häufig beschreiben Betroffene das Gefühl, der tragende Boden gerät ins Wanken, wir sind heraus gerückt aus dem Alltag, der Sicherheit, dem Vertrauten.

Auch wir als Begleitende benötigen Hilfe und Unterstützung in der Zeit des Begleitens von Sterbenden. Dies kann ganz praktische Hilfe beim Alltag, dem Einkaufen, dem Kochen usw. sein, oder dass jemand anderes Zeit mit dem Sterbenden verbringt, um uns zu entlasten, dass wir uns selbst wieder erholen können. Es kann ein Gespräch sein, mit einem Menschen, mit dem wir über unsere Sorgen und Ängste sprechen können. Scheuen Sie sich nicht, um Hilfe zu fragen, z. B. bei Beratungs- und Seelsorge- Zentren in jeder größeren Stadt. Alles allein zu schaffen, oder schaffen zu müssen, impliziert eine Überforderung, in der wir uns selbst aus dem Blick verlieren können. Wir benötigen auch als Begleiter Freiräume, Zeit zum Auftanken, damit wir hilfreich bleiben. Nachbarn, Freunde können Sie um Hilfe bitten, so dass diese guten Gewissens Ja oder Nein sagen können. Wenn wir anderen das Gefühl geben können, dass sie gebraucht werden, helfen sie meist gerne. Darüber hinaus unterstützen ambulante Hospizvereine, Hospizdienste, SAPV- und AAPV-Teams,, Konsilliardienste, Fachpflegedienste und Palliative-Care Netzwerke und Palliativmediziner professionell bei der Begleitung, durch medizinische und psychosoziale und geistliche Versorgung, Gespräche und andere praktische Hilfen. Wenn Sie religiös sind, suchen Sie das Gespräch mit einen Seelsorger, entsprechend Ihrem Glauben, einem Geistlichen, einem Pfarrer, Rabbi, Imam etc., dies kann hilfreich, entlastend, tröstend sein.

Zum Aufbau des Buches:
Zu Beginn stelle ich die Trauer- und Sterbephasen vor, mit den möglichen Reaktionen und den dazugehörigen Aufgaben zur Bewältigung und Begleitung. Diese Darstellung ist bewusst aus beiden Perspektiven und soll

einen größeren Blick auf den gemeinsamen Dialog, den Sterbeprozess werfen. Im Folgenden Teil stelle ich die letzte Lebenszeit und die konkreten Veränderungen dar, die bei einem Sterbeprozess auftreten können. Hierzu gehören die Grundbedürfnisse, Berührung, Essen, trinken, Nähe und Distanz, körperliche Veränderungen die auftreten können. Hieran schließe ich eine Darstellung der inneren und äußeren Veränderungen, wie z.b. fehlende Orientierung und Unruhe. Im Weiteren gehe ich zu den Anzeichen des nahen Todes und zur Zeit direkt nach dem Tod ein. Die dann möglich auftretenden Gedanken und Gefühle in der Zeit der Trauer in ersten Tage und Wochen, stelle ich dann dar.

Zum Schluss des Buches stelle ich praktische Übungen zur Begleitung mit Sterbenden vor, die entweder zur Reorientierung beitragen, bei akuten Angstzuständen, oder Sicherheit geben können, oder ein Loslassen ermöglichen können. Des weiteren habe ich noch Übungen zur Abgrenzung und Stabilisierung für Begleiter gefügt. Diese werden durch weitere Links zur Information aufgeführt, die hilfreich bei der Begleitung sterbender Menschen sein können.

1.2 Trauer und Trauerreaktionen

Trauer und Trauerreaktionen und die mit der Trauer verbundenen Phasen und Aufgaben zu unterscheiden, kann hilfreich bei der Begleitung sein. Es werden bei der Trauerbegleitung meist vier bis fünf Phasen der Trauer unterschieden. Diese Phasen können zum Teil gleichzeitig auftreten, wiederkommen oder teilweise auch ausfallen, sie treten nicht chronologisch und voneinander abgegrenzt auf.

Was ist Trauer? Trauer ist eine normale Reaktion etwa auf den schwerwiegenden Verlust geliebter Menschen oder auch von schicksalsmäßigen Verlusten, wie Beziehung, Arbeit, Wohnort, Gesundheit, Besitz und Autonomie. Sie ist von großer Gedrücktheit, Freudlosigkeit, Mutlosigkeit und depressiven Verstimmungen begleitet.

Wie Trauer erlebt und nach außen getragen wird, hängt entscheidend von der Kultur ab und ist häufig auch religiös geprägt. Das Erleben einer großen Bandbreite an Gefühlen von Verzweiflung, Wut oder sogar Gefühllosigkeit ist individuell verschieden und kann unterschiedlich lange andauern. Trauer ist zunächst keine krankhafte Störung. Oft hilft dem Betroffenen schon ein mitfühlendes und partnerschaftliches Gespräch. Wenn nach dem auslösenden Ereignis eine Trauerreaktion sehr lange fortbesteht und in der Stärke der Belastung deutlich von einer normalen Trauer abweicht, kann es sich um eine behandlungsbedürftige Störung handeln. Bei abnormen Trauerreaktionen geht man davon aus, dass der Betreffende unfähig ist, die verschiedenen Phasen eines normalen Trauerprozesses zu durchlaufen. Um die schwierige Unterscheidung zwischen normal verlaufender Trauer und erschwerter / pathologischer Trauer verstehen zu können, wird im Folgenden zunächst der übliche Trauerverlauf dargestellt

Phasen der normalen Trauer

Beobachtungen von Personen, die einen geliebten Menschen verloren haben, zeigen, dass diese in der Regel verschiedene Phasen durchlaufen. Zeitweises Hin- und Herpendeln zwischen den Phasen - auch nicht chronologische Verläufe, sind möglich. Der Abschluss des Trauerprozesses versetzt den Betroffenen in die Lage, den Verlust zu akzeptieren und mit der Erinnerung an die verlorene Person ein neues Leben aufzubauen. Es ist auch nicht selbstverständlich, dass jeder Sterbende und auch Trauernder alle Phasen durchmacht.

Erste Phase: Nicht-Akzeptieren

Betroffene wollen den Verlust nicht wahrhaben und fühlen sich unfähig, die Nachricht zu akzeptieren. Typisch sind Äußerungen wie "Ich konnte es einfach nicht fassen" oder "Es erschien unwirklich". Die Betroffenen wirken versteinert und gefühllos. Wie betäubt werden Routinen zunächst weitergeführt, jedoch unter ständiger Anspannung und Furchtsamkeit. Diese ungewöhnliche Ruhe kann jeden Augenblick von einem Ausbruch intensiver Emotionen unterbrochen werden.

Zweite Phase: Aufbrechen chaotischer Emotionen

Nach Stunden oder Tagen kommt es zum Aufbrechen "chaotischer Emotionen". Der Trauerschmerz wird nun intensiv erfahren. Er wechselt sich mit Angst, Wut, Hilflosigkeit, Schuldgefühlen, auch unbegründeter Heiterkeit oder der Suche nach Schuldigen ab. Es kann zu Gewichtsverlust und Schlafstörungen kommen.

Dritte Phase: Suchen und Sich-Trennen
In einzelnen Episoden wird die Realität des Verlustes immer bewusster. Dies führt zu großer Ruhelosigkeit und der Beschäftigung mit dem verlorenen Menschen. Häufig besteht das Gefühl der tatsächlichen Anwesenheit der verlorenen Person. Der Betroffene versucht, alle auf den betrauerten Menschen hinweisende Reize genau zu beobachten und wahrzunehmen. Zum Beispiel werden Geräusche im Haus so interpretiert, dass der vermisste Mensch doch noch präsent ist. Gleichzeitig besteht der entgegengesetzte Impuls, sich von Erinnerungen freizumachen. Man beobachtet ein Schwanken zwischen dem Hegen und Pflegen von Erinnerungsstücken und dem Drang, diese wegzuwerfen, zwischen dem Aufsuchen und Vermeiden von Orten, die einen an die verstorbene Person erinnern. Um diese nicht zu vereinenden Tendenzen zu überwinden, wird schließlich akzeptiert, dass der Verlust von Dauer ist - die Suche nach dem Verstorbenen wird abgeschlossen.

Vierte Phase: Neuorganisation
Nach der Akzeptanz des Verlustes übernimmt der Trauernde neue Aufgaben und Rollen. Neben gedanklichen Veränderungen werden auch diverse Gewohnheiten neu geordnet, die mit der verstorbenen Person zusammenhängen. Der Betroffene geht wieder auf Menschen zu. Der Schmerz um den Verstorbenen nimmt ab, kann jedoch zu bestimmten Anlässen wieder neu belebt werden.

Erschwerte / pathologische Trauer
Die Abgrenzung zwischen einer normal verlaufenden Trauerreaktion und einer erschwerten, oder krankhaften (pathologischen) Entwicklung, einer abnormen Verlustreaktion, ist abhängig von der Dauer der

Trauerzeit und von der Art der Trauerreaktion. Der Betroffene erreicht die Phase der Anpassung und der Neuorganisation nicht. Ärzte und Psychotherapeuten stufen eine Trauerreaktion als abnorm oder pathologisch ein, wenn diese über sechs Monate hinaus anhält. Dennoch sollte dieser Zeitraum niemals als einziges Diagnosekriterium gelten. Wichtig ist der Hintergrund der Lebensgeschichte des Betroffenen und die individuelle Bedeutung des Verlustes, um die Person nicht vorschnell als krank zu verurteilen. Entscheidend ist auch die Art der pathologischen Trauerreaktion. Man unterscheidet zwischen einer chronischen und einer verzögerten Trauerreaktion. Über die Häufigkeit pathologischer Trauerreaktionen in der Allgemeinbevölkerung gibt es kaum gesicherte Erkenntnisse. Nach dem Ergebnis einer Studie liegt die Wahrscheinlichkeit, in seinem Leben in Folge eines Verlustes eine Depression zu entwickeln, bei etwa zehn Prozent.

Chronische Trauerreaktion
Dem Betroffenen gelingt der Sprung in die letzte Trauerphase nicht. Die Unabänderlichkeit des Verlustes wird nicht akzeptiert. In vielen Fällen herrschen Wut und Selbstbeschuldigungen vor. Die Betroffenen wirken oft wie versteinert, kapseln sich ab und sind verbittert. Die verlorene Person wird idealisiert, gelegentlich entwickeln sich jedoch auch Hassgefühle, die teilweise auch gegen die Umwelt gerichtet sind. Es wird der Versuch unternommen, Verlust- und Trauergefühle abzuwehren. Fragen nach der verlorenen Person können das System jedoch sofort zusammenbrechen lassen. Der Trauernde ist deshalb unfähig, sein Leben neu zu planen und gerät in einen Zustand, den man als Desorganisation bezeichnen kann. Das Leben verläuft weder wie vor dem

Verlust noch wird es neu gestaltet. Der Betroffene kann schließlich unter Depressionen und/oder Angststörungen oder chronischen körperliche Beschwerden leiden und eine Alkohol- oder Medikamenten-Abhängigkeit entwickeln. Häufig besteht auch Suizidgefahr. Möglich ist daneben die Entwicklung eines gestörten Sozialverhaltens, wie etwa aggressives oder unsoziales Verhalten. Nicht immer müssen psychische Störungen begleitend auftreten. Dennoch empfinden Betroffene allgemein ihre Lebensqualität als dauerhaft verschlechtert. Sie können Anforderungen in Beruf und Familie nicht mehr entsprechen.

Verzögerte Trauerreaktion
Die Trauerreaktion ist gehemmt, verhalten oder aufgeschoben. Intensive Niedergeschlagenheit wird erst lange Zeit nach dem Verlust durchlebt und nicht direkt empfunden. Möglicherweise kann der Betroffene die Reaktion garnicht dem ursprünglichen Verlust zuordnen, obwohl es sich um Trauersymptome handelt. Auslöser der später einsetzenden Symptome können kurz vorausgehende, zum Teil wenig bedeutsame Verluste sein. Manchmal kommt die Symptomatik auch erst in Gang, wenn der Trauernde das Sterbealter der verlorenen Person erreicht. Eine genauere Nachfrage verdeutlicht, dass hier frühere Verluste betrauert werden. Betroffene sind anfällig für psychische und körperliche Erkrankungen. Plötzlich und für den Betroffenen unerklärlich, kann eine depressive Episode auftreten. Im Rahmen einer psychotherapeutischen Behandlung kann deutlich werden, dass diese Entwicklung die Folge einer verzögerten Trauerreaktion ist.

Welche Faktoren begünstigen eine abnorme Verlustreaktion?

Ob Trauer einen unnatürlichen, pathologischen Verlauf nimmt oder nicht, hängt von verschiedenen Einflussfaktoren ab. Dabei spielen die Merkmale der Persönlichkeit des Hinterbliebenen, die Ursache und die Umstände des Verlustes, sowie Merkmale der verlorenen Person eine entscheidende Rolle. Den größten Einfluss auf den Verlauf der Trauer haben die Persönlichkeit des Hinterbliebenen und seine Bindung zu der verlorenen Person. Eine besondere Rolle spielen unsichere und konfliktreiche Beziehungen zur verlorenen Person, fehlende tröstende Sterbebegleitung und intensive oder sogar über-fürsorgliche Sorge um das Wohlergehen anderer. Ein weiteres Risiko stellen aktuelle Krisensituationen, sowie mangelnde Unterstützung durch Familie und Freunde dar. Einfluss haben daneben ein plötzlicher und unerwarteter Verlust und die Umstände des Sterbeprozesses.

Wie wird die Diagnose gestellt?

Die abnorme Verlustreaktion beziehungsweise pathologische Trauerreaktion ist aus medizinischer und psychologischer Sicht eine Anpassungsstörung. Die Diagnose wird von Psychotherapeuten oder Ärzten gestellt. Voraussetzung für die Diagnose einer pathologischen Trauerreaktion ist, dass die momentanen Krankheitszeichen (Symptome) mit einem erlebten Verlust in Zusammenhang steht. Der Betroffene sollte seinem Therapeuten möglichst genau schildern, was passiert ist, welche Gefühle und körperlichen Beschwerden er empfindet und wie sich diese entwickelt haben. Darüber hinaus wird der Arzt ein Augenmerk auf die Lebensgeschichte richten und erfragen, ob bereits vor dem Verlust psychische und körperliche Erkrankungen bestanden haben. Die Symptome eines pathologischen Trauerprozesses unterscheiden sich von anderen psychischen Erkrankungen durch folgende Aspekte:

- Wenn zum Zeitpunkt des Todes einer bedeutenden Person der Patient weitere Verluste durch Trennung oder Tod erlitt, stellt dies eine enorme Belastung dar. Deshalb reagiert er eher mit einer abnormen Entwicklung.

- Vermeidendes Verhalten, wie die Ablehnung, zur Beerdigung zu gehen oder das Grab zu besuchen, sowie fehlende Trauer nach dem Verlust, sind Hinweise auf mangelnde Realisierung des Verlustes. Auffällig ist das Auftreten von Symptomen in zeitlichem Zusammenhang mit dem Datum des Verlusts.

- Betroffene belassen über einen sehr langen Zeitraum die Umgebung genau so wie sie war, als die Person starb.

- Betroffene entwickeln übermäßige Ängste vor der Krankheit, die den Tod der betrauerten Person verursacht hat.

Pathologische Trauerreaktion behandeln

Erlebt der Betroffene die Trauerreaktion als so belastend, dass er die Problematik nicht mehr allein bewältigen kann, ist eine psychotherapeutische Behandlung sinnvoll. Ziel einer Psychotherapie ist es, die nicht geleistete Trauerarbeit nachzuholen. So kann man dem Patienten helfen, Interessen und Beziehungen wieder aufzunehmen. Als bewältigt gilt die Trauer, wenn die

Person wieder Energie für alltägliche Herausforderungen hat und nicht mehr von Erinnerungen kontrolliert wird. Der Betroffene sollte sich weitgehend frei von Schmerz und störenden Gedanken und Emotionen fühlen. Verhaltenstherapeutisch orientierte psychologische oder ärztliche Psychotherapeuten arbeiten an Gefühlen, Gedanken und Verhaltensweisen, die die Trauer aufrechterhalten und verhindern und einen geeigneten Umgang mit ihr zu finden. Konzepte aus der sogenannten Interpersonellen Psychotherapie liefern zudem sinnvolle Ansatzpunkte. Hier wird nicht nur der Patient allein, sondern auch seine Beziehungen zu anderen Menschen betrachtet. Es ist auch sinnvoll, weitere Angehörige in die Therapie mit einzubeziehen, um einen gemeinsamen Umgang mit der Trauer zu finden. In sehr schweren Fällen kann die stationäre Behandlung in einer Klinik unumgänglich sein.

1.3 Trauerzustände, -phasen, -aufgaben begleiten

Nicht wahrhaben Wollen / Schock

Zustand: Verleugnung der Realität.

Aufgabe: Den Verlust als Realität begreifen.

Begleitung: Erzählen lassen, Abwehrhaltung akzeptieren, klare Wortwahl, Angehörige verständigen, Abschied wenn möglich, ermöglichen dabei unterstützen, wenn gewollt.

Aufbrechende Emotionen

Zustand: Zorn, Verzweiflung über die Ohnmacht gegenüber dem Tod.

Aufgabe: Den Trauerschmerz zulassen.

Begleitung: Hochkommende Gefühle frei äußern lassen, Schuldgefühle entkräften, Gefühle behutsam verbalisieren, Aggressionen nicht persönlich nehmen, emotionale Äußerungen nicht auf sachlicher Ebene erörtern, Traurigkeit aushalten.

Suchen und sich trennen

Zustand: Schmerz um den Verlust des geliebten Menschen und Erkenntnis, dass das Leben weiter gehen muss.

Aufgabe: Sich anpassen an eine Umwelt, in der die/der Verstorbene fehlt.

Begleitung: Trauer auch nach Wochen akzeptieren, nichts „schön" reden, Traurigkeit nicht mit Ablenkung verhindern, unterstützen statt entmündigen.

Neuer Welt- und Selbstbezug

Zustand: Gefühlsmäßige Bereitschaft, den Verlust anzunehmen.

Aufgabe: Emotionale Ablösung von der/dem Verstorbenen und sich öffnen für Neues.

Begleitung: Bei der Realisierung von Plänen und Zukunftsperspektiven unterstützen, daraus entstehende Schuldgefühle abbauen, verlässlich begleiten, neuen Lebensstil nicht werten, oder emotionalisieren.

1.4 Mögliche Sterbephasen

Die Sterbephasen die von Cecil Sanders und Elisabeth Kübler-Ross beobachtet wurden, können bei den meisten Sterbenden auftreten und das jeweilige Verhalten beeinflussen und bestimmen. Die Sterbephasen, sind ähnlich wie die Trauerphasen nicht absolut, von einander getrennt oder streng chronologisch geordnet, sondern treten auch wechselnd und mit fließenden Übergängen auf, Elemente können sich dabei wiederholen.

Vorphase: Ungewissheit
Schweben zwischen Hoffen und Bangen

Begleitung: Persönliche Beziehung aufbauen, Angst ernst nehmen, ggf. behutsam Ablenkung, nichts herunterspielen oder beschwichtigen, beistehen.

1. Phase: **Nicht-wahrhaben-wollen / Schock**
Verleugnung, Abspaltung, Verneinung.

Begleitung: Abwehrhaltung als momentane Form der Bewältigung akzeptieren, nicht mit Appellen an die Vernunft überzeugen wollen, gute Unterscheidung zwischen eigenen / fremden Gefühlen, beistehen.

2. Phase: **Zorn, Ärger**
Auflehnung, Wut, Aggression, unberechtigte Vorwürfe.

Begleitung: Gefühle frei äußern lassen, zu Klage und Protest evtl. ermutigen, nicht moralisieren, Äußerungen nicht persönlich nehmen. Sich gut abgrenzen und trotzdem empathisch, akzeptierend, annehmend sein.

3. Phase: **Verhandeln**
Versuch, einen Aufschub zu erlangen.

Begleitung: Aufmerksam, aktiv zuhören, das bisherige Leben würdigen, mindern von irrationalen Schuldgefühlen, nicht zur Annahme/Akzeptanz des Schicksal drängen, keine unrealistischen Hoffnungen schüren, unsere Meinung ist nicht gefragt.

4. Phase: **Depression**
Erkenntnis der Unausweichlichkeit, Verzweiflung um Versäumtes, Schmerz über Abschied vom Leben, klagend, deprimiert, Versagen, Scham, Schuld.

Begleitung: Traurigkeit offen zeigen lassen, Nähe geben, Tränen aushalten, nicht von guter Vergangenheit überzeugen wollen, nicht alleine lassen .

5. Phase: **Annahme / Zustimmung**
Bereitschaft, gefühlsmäßig den Tod anzunehmen, Prozess der Akzeptanz, Bedürfnis nach Ruhe, Abschied, Ordnen von Dingen, Angelegenheiten, evtl. Vergeben und eigenen Frieden machen.

Begleitung: Zu Lebensbilanz ermutigen, unterstützen, beim Ordnen unterstützen, ggf. Übermitteln von Botschaften anbieten, da sein, wenn möglich und gewünscht, bis zuletzt, nonverbaler Kontakt, Nichts tun können aushalten, nicht festhalten wollen, nicht vor dem Tod fliehen können.

1.5 Die letzte Lebenszeit

Wenn wir uns rückschauend unser eigenen Leben selber vor Augen führen, können wir selbst in eigenen Krisen, bei Krankheit, Umbrüchen und persönlich großen Veränderungen, die Chance entdecken, etwas zu lernen, etwas anders zu machen, uns selbst und die Welt neu und anders zu verstehen. Meist haben Ratschläge nicht geholfen und wurden von uns selbst als nicht wirklich brauchbar empfunden, da wir in uns selbst Möglichkeiten zur Lösungen von Aufgaben tragen.

Wir können versuchen, innerlich und äußerlich, als ganzer Mensch das Loslassen lernen, dann erst öffnen sich neue Wege, Türen, Chancen, zeigen sich Möglichkeiten, kann Neues ergriffen werden. So steht es uns nicht zu, bei den Krisen und beim Sterben anderer, unsere Vorstellungen und Urteile, die wir vor uns und andere stellen, anderen zu zumuten oder aufzudrängen. Jeder Weg ist immer ein eigener persönlicher Weg und ist für den neben uns, ein anderer Weg. So ist das Sterben des Betroffenen immer *sein* Sterben, wir wissen nicht, wie wir selber diesen Weg gehen werden. Der langsame Tod durch Krankheit oder Alter bietet gegenüber dem plötzlichen, Tod, die Chance des bewussten Erlebens und der bewussten Verabschiedens, hier kann ich meine Dinge, meine Fragen versuchen zu klären, Angelegenheiten zu regeln, abzuschließen, Konflikte eventuell zu klären, hinter mir zu lassen und vielleicht Frieden mit mir, mit anderen, mit der Welt, mit meinem Leben machen.

In der letzten Lebenszeit hat der Sterbende immer weniger körperliche Energie, er zieht sich von der Außenwelt mehr und mehr zurück. Dabei schläft und ruht er meistens viel und äußert meist zunehmend weniger

Interesse an Zeitung,, Fernsehen, anderen Menschen. So kann es vorkommen, dass er nicht mehr den Besuch von Nachbarn, Bekannten oder gar Freunden mehr will und nur noch ihm nahe vertraute Menschen um sich haben möchte, oder manchmal auch ganz allein sein will. Hier passiert meist ein Wechsel, eine Umkehr. Es ist eine Zeit des äußeren Rückzugs, in der sich der Sterbende von allem was außen geschieht zurückzieht und sich nach innen wendet.

1.6 Grundbedürfnisse

Berührung

Jeder Mensch hat Grundbedürfnisse, so. z.b. auch das Bedürfnis nach Berührung. Dieses Bedürfnis kann sich beim Sterben verändern, so kann es sein, dass der Sterbende möchte, dass Sie ihn sanft berühren, Ihre Hand seine Hand hält. Das Bedürfnis können wir, auch wenn Sprache nicht mehr möglich ist, vorsichtig, respektvoll und behutsam befriedigen, wenn Ihr Gegenüber signalisiert, dass er Berührung möchte. Zu anderen Zeiten und Tagen, kann es sein, dass Berührung stört, er sie nicht will oder ertragen kann. Versuchen Sie zu erfragen, zu erspüren, was Ihr gegenüber will. Die Ablehnung oder der Wunsch nach Distanz ist nicht ein Zeichen mangelnder Liebe und keine Ablehnung ihrer Person. Missverstehen Sie nicht das Bedürfnis des Gegenübers nach Möglichkeit nicht.

Essen und Trinken

Wir führen unserem Körper durch Essen Energie zu, um zu leben. Wenn der Sterbeprozess beginnt, ist es ganz natürlich, dass der Körper nichts mehr essen möchte. Die Essgewohnheiten ändern sich, nichts schmeckt mehr, der Appetit kommt und geht. Meist ziehen die Betroffenen Flüssiges fester Nahrung vor. Zuerst kommt meist der Verzicht auf Fleisch und Fisch, dann auch Gemüse und schwer verdauliche Speisen, bis auch weichere Nahrungsmittel nicht gegessen werden. Für die Angehörigen ist es meist schwer zu akzeptieren, wenn der Betroffene nichts mehr essen möchte. Vielleicht werden Sie denken: „Ich kann doch meine Mutter / meinen Mann / meine Schwester nicht verhungern lassen..." ; „Er / Sie stirbt doch, wenn er / sie nicht s mehr isst, er / sie soll doch kämpfen, denn so geht es noch schneller..." Mit solchen Sätzen werden wir mit unserer Hilflosigkeit und dem bevorstehenden Tod konfrontiert. Den geliebten Menschen loszulassen, fällt keinem leicht. Wenn wir am Gegenüber festhalten, bereiten wir durch unser Verhalten und Festhalten unnötiges Leid. In dieser Lebenszeit ist es völlig normal und natürlich, nichts mehr zu essen. Körperliche Nahrung und Energie, wie wir sie gewohnt sind, wird nun nicht mehr gebraucht, sondern evtl. eine andere Art von Energie.

Zu bestimmten Zeiten kann es sein, der der Betroffene großes Verlangen hat, zu trinken. Sie können ihm mit einem Teelöffel kleine Mengen in den Mund geben, wenn er nicht mehr mit Hilfe einer Schnabeltasse trinken kann. Achten Sie darauf, dass das Getränk nicht zu kalt oder zu heiß ist. Wenn der Sterbende nicht mehr schlucken kann, ist es für ihn hilfreich und angenehm, wenn wir ihm den Mund immer wieder befeuchten, z.B. durch Eiswürfel aus Tee oder durch einen feuchten Waschlappen an dem er saugen kann. Seien sie vorsichtig mit Lemonsticks, Butter u.a. Substnzen bei rissigen Lippen, das kann in den offenen Stellen brennen. Der Selbsttest kann hier neues Verständnis wecken... wie würden Sie es finden, Butter, oder Zitronensaft in den Mund geschoben zu bekommen?

1.7 Innere / Äußere Zustände

Fehlende Orientierung

Sterbende schlafen meist immer mehr und sind nur mühsam aus dem Schlaf zu wecken. Bildlich gesprochen, hat der Sterbende schon einen Fuß in der anderen Welt, am anderen Ufer des Lebens. Das Zeitgefühl geht häufig verloren, anwesende Personen werden möglicherweise nicht mehr erkannt, was sehr schmerzlich für Angehörige ist. Hier ist es gut, wenn wir uns bewusst machen, dass dies kein Zeichen der Ablehnung ist, sondern der Bezug zur Realität sich verändert und der Sterbende ihn verliert. Es ist möglich, dass er zu Gott oder über Ereignisse und Menschen spricht, die für Sie unbekannt sind, dass er bereits Verstorbene sieht und zu ihnen spricht, sich von ihnen abgeholt fühlt. Hier ist es wieder wichtig dass wir nicht versuchen, ihm *seine* Realität auszureden, oder als Halluzination abzutun, sondern versuchen, an seiner Welt Anteil zu nehmen. Wir können das tun, indem wir ihm zuhören, bei ihm bleiben und so versuchen, von seiner Welt etwas zu erfahren. So kann seine Realität unsere eigene Realität erweitern und bereichern.

Unruhe

In den letzten Tagen kann es sein, dass der Sterbende starke Unruhe zeigt, rastlos ist, zum Teil ziellose Bewegungen macht, z.B. an seiner Kleidung oder Bettwäsche zupft und zieht, Arme und Beine ziellos bewegt, seine Finger „grundlos" schüttelt . Dies sind Zeichen, dass er den Bezug zur diesseitigen Welt verliert. Wir können ihm durch unser „da sein und ruhig bleiben", ihn aushalten, das Gefühl geben, nicht allein zu sein und ihn damit beruhigen. Manche Sterbende zeigen „ungekannte" Wesenszüge, die zum Teil das Gegenteil des bekannten und gewohnten Charakters darstellen.

29

Wie umgedreht", „vertauscht" können wir einen immer friedlich, zurückhaltend und „höflichen Menschen genau anders herum agierend und reagierend erleben. Das kann zutiefst verunsichern. Versuchen Sie nicht ihn zu korrigieren und bleiben sie bei ihm, wenn es ihnen möglich ist. Vor dem Tod, einen oder mehrere Tage, gibt es manchmal ein letztes Aufblühen aller Kraft, eine „Gesundung" und Verbesserung des Gesundheitszustandes, der Hoffnung wecken kann. Ganz wach, Anteil nehmend am Leben, kann es sein, dass der Sterbende Wünsche äußert, bestimmte Speisen zu essen, raus in die Natur zu gehen, sich noch einmal aufzusetzen oder sich hinzustellen.

1.8 Körperliche Veränderungen

Die letzte Phase des Lebens kann bei nahezu allen Menschen durch Unterstützung , Schmerzlinderung durch Schmerztherapie und anderer Komponenten der Palliativ Care lebenswert gestaltet werden, ob im Hospiz, ambulant zuhause, begleitet durch Heime, Diakonie und Sozialstationen oder Pflegedienste.

Schmerzlinderung mit Morphium kann den meisten lebensverkürzt erkrankten Menschen eine besseres, lebenswürdiges Sterben ermöglichen und zwar bei gleichzeitig erhaltendem Bewusstsein. Zur Erhaltung des Wohlbefindens und der Würde des Menschen ist es wichtig, dass die Haut gut gepflegt wird, eine gute Lagerung, die alle paar Stunden verändert wird und möglichst viele Wünsche ermöglicht werden, z.b. Essen und Kleidung, persönliche Gegenstände, die der betroffene gerne mag. Blumen, einen schönen Blick aus dem Fenster, bewusste Begegnung, etc., können den Prozess unterstützen, hierdurch erfährt der Sterbende Würde und Wertschätzung. Wenn der Körper seine Kraft verliert, treten meist folgende Veränderungen auf:

- der Blutdruck sinkt und der Puls verändert sich.

- die Körpertemperatur verändert sich, Arme und Beine werden weniger durchblutet, halten Sie hier durch Socken, Decken, Wärmekissen, Bettflaschen etc. den Körper warm. Es kann auch vorkommen, dass der Sterbende übermäßig schwitzt, dann sind leichte dünne Decken, z.B. Leinen angenehm.

- Schmerzmittel werden häufig weniger gebraucht / gewünscht.

- Der Atem wird entweder schneller (bis. 40 mal / Min.) oder viel langsamer mit langen Zwischenpausen (Ausatmen wie Pusten). Unregelmäßiger Atem, Rasseln oder Gurgeln durch Schleim-Absonderungen, die nicht mehr abgehustet werden können. Alle diese Veränderungen können kommen und gehen, so als wäre es der letzte Atemzug. Hier kann Entlastung gegeben werden, wenn der Kopf und Oberkörper zur Entlastung höher gelagert wird.

- Als Begleiter kann es unangenehm und schmerzlich sein, diese veränderte Atmung mitanzuhören, wichtig ist es, dass Sie selbst tief und regelmäßig durchatmen, kurze Unterbrechung / Raumwechsel können entlastend sein. (vgl. Schmerz der Wehen bei Geburt, Wehen zu einer anderen Geburt).

- Vom Sterbenden kann besonderer Geruch ausgehen, besonders bei Krebspatienten - Räucherstäbchen und Duftlampen können gegen den aufdringlichen Geruch helfen, allerdings haben Sterbende oft gesteigerte Sinne, so können sie Berührung, Geruch, Geschmack oft viel stärker wahrnehmen, als wir.

Koma

Es kann passieren, dass Sterbende in den letzten Tagen in ein Koma fallen. Aus vielen Untersuchungen und Befragungen von Menschen, die bereits klinisch tot waren, geht hervor, dass der Mensch alles hört, auch wenn er von uns aus gesehen, nicht bei Bewusstsein ist. Hierzu zählen auch Menschen mit Nahtoderlebnissen , oder Nahtodähnlichen Erlebnisse, oder die aus dem Koma erwacht sind

Siehe hierzu SWISS IANDS http://swiss-iands.ch/

und deutsch https://www.netzwerk-nahtoderfahrung.org/

Reden Sie mit dem Sterbenden in seiner Gegenwart, wie Sie mit ihm reden würden, wenn er bei Bewusstsein wäre. Auch in einem tiefen Koma, hört er alles, was Sie sagen. Wenn Sie das Bedürfnis haben, dem anderen noch etwas wichtiges mitzuteilen, sagen Sie es ruhig. Hier ist es keinesfalls zu spät, zu sagen: „Es tut mir leid" oder „Ich liebe Dich", oder was immer Sie sagen wollen. Wenn wir unseren Atem an den des anderen anpassen, kann dadurch eine tiefe Verbundenheit entstehen. Eine intensive und andere Form der Begleitung kann entstehen, wenn wir innerlich selbst ganz ruhig sind und nicht bei dem anderen eine bestimmte Veränderung bewirken wollen, die wir für richtig halten. Begleitung durch das gemeinsame Atmen.

1.9 Begleitung Sterbender / Verletzter in akuten Notlagen

Wenn Sie den Eindruck haben, dass es mit dem/der Verletzten zu Ende geht,
dann bleiben Sie unbedingt bei ihm / ihr! Sprechen Sie mit ihm/ihr, haben Sie keine Scheu, Sterbende wollen in den meisten Fällen Beistand. Fragen Sie nach dem Namen, wenn Sie ihn noch nicht wissen. Sprechen Sie den Betroffenen mit Namen an. Geben Sie ihm/ihr das Gefühl, dass Sie bei ihm/ihr bleiben und für ihn/sie da sind, das schafft Vertrauen und kann unter Umständen etwas von der Angst des Gegenübers nehmen. Fragen Sie, ob Sie etwas für ihn/sie tun können. Vielleicht ist Beten etwas, was helfen kann und angenommen wird. Tun Sie nur etwas, wenn Sie sich dabei sicher fühlen.

Wenn der/die Verletzte die Ernsthaftigkeit seines Zustandes nicht erkennt,
dann sollten Sie ihn/sie in aller Regel nicht darüber aufklären, dass kann zu zusätzlicher Angst und Panik führen.

Wenn der/die Verletzte selbst davon spricht, dass er/sie sterben wird und auch Sie die Verletzungen so beurteilen,
dann widersprechen Sie nicht. Gehen Sie auf seine/ihre Wünsche und Ängste ein, versuchen Sie nicht, diese herunter zu spielen. Nehmen Sie ihr Gegenüber ernst und wahr. Fragen Sie ihn/sie, ob er/sie jemandem etwas ausrichten möchte, oder wenn dies nicht direkt möglich ist, was Sie ausrichten sollen.

Wenn er/sie zu erkennen gibt, das religiöser Beistand erwünscht,
dann fragen Sie nach, wer dies tun soll. Nehmen Sie diesen Wunsch ernst. Fragen Sie ihn / sie, ob Sie mit ihm/ihr beten sollen. Beten Sie ein Vaterunser oder ein frei formuliertes Gebet. Wenn Sie sich sicher fühlen, könne Sie ihn / ihr sagen, dass Gott ihn/sie nicht verlassen wird.

Wenn Sie den Eindruck haben, dass der / die Verletzte Muslim/a oder anderer Religionszugehörigkeit ist,
dann fragen Sie nach, ob Sie mit ihm/ihr gemeinsam Beten dürfen. Wenn Sie sich trauen und die Erlaubnis vom Gegenüber bekommen. Er/Sie muss es für angemessen halten, wenn Sie als Nicht-Muslim bzw. nicht seiner/ihrer Religion zugehörig, mit ihm/ihr beten. Beten ist ja etwas ganz persönliches, hier Bedarf es der Zustimmung des Gegenübers. Nicht nur in den monotheistischen Religionen wird Gott als barmherzig, Frieden und Gnade gebend empfunden und angesehen.

Wenn Sie den Eindruck haben, dass der Tod eingetreten ist und alles vorüber ist,
dann versuchen Sie nicht krampfhaft auf andere Gedanken zu kommen, es ist völlig normal, dass sich Ihnen nach einem solchen Ereignis Fragen nach dem eigenen Leben und Sterben aufdrängen. Seien Sie achtsam, sorgsam und mich selbst.

Wenn Sie jemanden haben, mit dem Sie über Ihre eigenen Gefühle und Gedanken sprechen können, **dann** nutzen Sie dies für sich, dies wird Ihnen helfen. Nutzen Sie z.B. die Einsatznachbesprechnung mit dem Teamleiter, Raum bei der nächsten Supervision, mit den Teams der Einsatznachsorge oder suchen Sie sich Hilfe bei professionellen Hilfsorganisationen oder anderen psychosozialen Beratungsstellen.

2.0 Anzeichen des nahen Todes

Mögliche Anzeichen des nahen Todes können sein:

- der Mund ist offen.

- ein hellen oder dunkles Dreieck um die Nasen-Mund-Partie.

- die Augen sind offen oder halboffen, sehen aber nicht wirklich (Fernblick, offen, gelöst).

- die Körperunterseite, Füße, Knie, Hände verfärben sich dunkler.

- der Puls wird noch schwächer.

- die Pupillen reagieren immer weniger auf Lichteinwirkungen.

- der Sterbende wird teilnahmslos, reagiert nicht mehr auf seine Umwelt.

Der Tod tritt ein, wenn der Herzschlag und der Atem aufhören. Manchmal folgen auf den letzten Atemzug noch ein oder zwei lange Atemzüge / Seufzer. Häufig findet der Sterbende vor dem Tod einen Zeitpunkt, in dem er Frieden findet, ob er sein Sterben akzeptiert hat oder nicht. Bei manchen Menschen ist diese stille Zufriedenheit schon lange vorher zu spüren, bei anderen tritt diese Veränderung erst in den letzten Augenblicken, kurz vor dem Verlassen des Körpers ein.
Diese Wandlung können wir uns logisch nicht erklären und verstehen, sondern nur erahnen und in den Gesichtszügen des Verstorbenen wahrnehmen. Diese Wandlung kann den betroffenen Menschen hinüberheben über alle Ängste, schweren Kämpfe und Nöte, die bis zu

diesem Zeitpunkt bestanden haben. Unsagbar schwer fiel das Loslassen, doch nun liegt ein zufriedener Ausdruck auf dem Gesicht. Manchmal schon mit dem Eintritt des Todes, manchmal erst nachträglich, ist diese besondere Form der Gelöstheit bei den Menschen wahrzunehmen. Machmal ist auch ein Staunen, ein Lächeln, oder auch ein Erschrecken in den Gesichtern Verstorbener zu erkennen. Viele Angehörige haben quälende Schuldgefühle, wenn Sie im Augenblick des Todes ihres Angehörigen nicht bei ihm waren. Nur in den seltensten Fällen sterben Menschen in Gesellschaft, im Beisein ihrer nächsten Angehörigen. Sätze können auftauchen, wie: Ich war doch nur kurz telefonieren / duschen / auf der Toilette / eine Zigarette rauchen, jetzt habe ich ihn/sie im Stich gelassen, im wichtigsten Moment habe ich ihn/sie allein gelassen", „Warum bin ich nicht noch einen Augenblick länger geblieben?". „Warum habe ich es denn nicht gespürt?" Meist gehen Sterbende leichter über die Todesschwelle, wenn sie allein sind. Vielleicht ist es für sie leichter, sich von der Welt und den geliebten Menschen zu lösen, wenn sie allein sind, schließlich ist es sein/ihr Moment des Übergang, ganz persönlich...So können wir nur selten in der Begleitung erleben, dass wir in diesem Augenblick dabei sein dürfen.

2.1 Unmittelbar nach dem Tod

Wenn der Tod eingetreten ist, werden Sie nicht gleich aktiv, lassen Sie die Stille und Besonderheit dieses Augenblickes auf sich wirken, Bleiben Sie ruhig, lassen Sie sich Zeit, beten Sie , wenn Sie das Bedürfnis verspüren, vielleicht das „Vater unser", oder lesen Sie einen Psalm, z.B. Psalm 23 oder etwas aus dem Johannes Evangelium für den Verstorbenen. Versuchen Sie aus dem Herzen zu beten, die Form ist nicht dass Entscheidende. Wenn Sie mögen, danken Sie für die Begegnung mit diesem Menschen und dass derjenige nun frei und erlöst von Leid und Schmerz ist. Wenn Sie können, vergeben Sie ihm / ihr oder bitten Sie um Vergebung. Alles darf sein. Lassen Sie Ihre Gefühle und Reaktionen in diesen Momenten zu. Es gibt keine falschen Gefühle oder Reaktionen. Haben Sie keine Scheu, jetzt um Hilfe zu bitten, wenn Sie welche benötigen, damit jemand da ist, der Sie bei den nächsten Schritten unterstützen kann. Wenn es Ihnen unheimlich ist, alleine mit dem Toten in einem Raum zu sein, fragen Sie eine Freundin, einen Freund oder wer Ihnen einfällt, der Sie unterstützen kann. Wenn die verstorbene Person den Bezug zum Glauben und der christlichen Religion hatte, lassen Sie sie /ihn durch einen Diakon, einen Pfarrer aussegnen. Grundsätzlich kann und darf jeder Mensch aussegnen. Ein Arzt muss nun verständigt werden, damit der Totenschein ausgestellt werden kann. Wenn der Tod in der Nacht eingetreten ist, reicht es aus, wenn die Verständigung des Arztes am Morgen erfolgt. Eile ist nicht geboten. Es gibt Menschen, die Angst haben, den toten Körper zu berühren. Das alte Märchen vom Leichengift ist unbegründet, Leichengift gibt es nicht. Basische Stoffe entstehen einige Stunden nach dem Tod im toten Körper. Der Kontakt und die Aufnahme dieser Stoffe in den eigenen Körper, z.B. durch Verletzungen, ist ungefährlich. Vor dem Einsetzen der Totenstarre ist es leichter, den Verstorbenen zurecht zu machen. Dies sollte nach Möglichkeit innerhalb der ersten Stunde, nach dem Eintritt des Totes, respektvoll, in Ruhe, mit Achtung und Würde geschehen.

Praktische Hilfen:

- Legen Sie den Verstorbenen mit erhöhtem Kopf hin.

- Die Augenlider schließen Sie behutsam. Sie können für ca. 1 Stunde ein feuchtes Wattebäuschen auf die Lider legen.

- Wenn die verstorbene Person Träger von Zahnprothesen gewesen ist, können Sie versuchen, diese vorsichtig wieder einzusetzen. Tun Sie dies nicht gewaltsam, Sie können es auch lassen.

- Legen Sie ein kleines zusammengerolltes Handtuch unter das Kinn der verstorbenen Person, damit der Mund geschlossen bleibt. Ein Tuch zum zusammenbinden des Kiefers geht hierfür auch.

Es kann vorkommen, dass die verstorbene Person noch einmal willenlos die Blase oder den Darm entleert, dass hat mit dem Menschen nichts mehr zu tun und ist eine Körperreaktion, die auch nach dem Tod passieren kann. Wenn Sie den Wunsch haben, den geliebten Menschen ein letztes Mal zu waschen und sich so von ihr /ihm zu verabschieden, dann tun Sie dies in Ruhe, mit Respekt und Würde. Wenn Sie das Bedürfnis haben, den Verstorbenen für die Beerdigung extra anzuziehen, tun Sie dass, aber suchen Sie Kleidungstücke aus, die der Verstorbene gerne mochte und die zu ihm passen, wie er es gerne sehen würde. Es ist kein „Muss", den Verstorbenen extra einzukleiden.entfernen Sie Arzneien, Pflegemittel und störende Gegenstände aus dem Zimmer. Richten Sie den Raum und den Verstorbene würdevoll und schön her, wenn Sie eine Verabschiedung oder eine dreitägige Totenwache vollziehen wollen. Denken Sie daran, genug zu Lüften, gerade im Sommer, können drei Tage zu lang sein, dass der Verstorbene vor Ort bleibt. Zünden Sie eine Kerze an, legen Sie, wenn Sie mögen, frische Blumen auf den Leichnam. Blumen sind ein Symbol für die Vergänglichkeit der äußeren Erscheinungen, mit ihrem Blühen und Verwelken. Wenn Sie wollen, setzen Sie sich an das Bett, nehmen Sie sich Zeit, versuchen Sie innerlich zur Ruhe zu kommen. Beim Betrachten des Gesichtes, können Sie bemerken, wie die Anspannung weicht und der Verstorbene Frieden, Staunen oder auch Lächeln ausstrahlt. Wenn Sie sprechen wollen, dann tun Sie das, wenn Sie schweigen wollen tun Sie auch dies. Begleiten Sie Ihren Verstorbenen mit Ihren Gedanken, auf seinem für uns unsichtbaren Weg. Erinnerungen an gemeinsame Begegnung können auftauchen. Lassen Sie auch die fröhlichen Erinnerungen zu. Wachen Sie bei dem verlassenen Körper. Heutzutage ist es grundsätzlich erlaubt den Verstorbenen für einige Zeit in der Wohnung zu behalten, mindestens für einen Tag, maximal für drei Tage. Dies kann von Bundesland zu Bundesland abweichen. Mit Hilfe des örtlichen, städtischen Friedhof-Amtes ist es möglich, den Leichnam länger als einen Tag in der Wohnung zu behalten, um mehr Zeit für die

Abschiednahme zu haben. Nutzen Sie diese Zeit des Abschiednehmens für den Verstorbenen, für sich, auch für andere Familienangehörige und Freunde, sie ist kostbar. Es kann hilfreich sein, wenn Sie für sich und Menschen, die nicht innerhalb der Zeit der Aufbahrung und Verabschiedung kommen können, ein Foto des Verstorbenen machen, damit der Tod nicht unwirklich bleibt, sondern begreifbar und verstehbar wird, damit Abschied genommen werden kann. Diffuse Gefühle können belastend sein, wenn man nicht die Möglichkeit bekommt, sich von einem Menschen zu verabschieden. Verständigen Sie ein Bestattungsunternehmen, oder auch das städtische Bestattungsamt, wenn sie eines in Ihrer Stadt haben. Bei der Organisation der Bestattung, der Anzeige und weiterer Formalitäten helfen alle Bestattungsinstitute Ihnen weiter.

2.2 Der Trauerprozess

Der Weg im Umgang mit der Trauer und dem Verlust ist immer individuell und lässt sich nicht Verallgemeinern. Trauer hat viele Gesichter. Trauer erfasst den Menschen als Ganzes, in seinem ganzen Wesen und berührt alle seine Lebensbereiche. Die Vielgestaltigkeit des Trauerprozesses lässt sich auf folgenden vier Ebenen beschreiben:

1. Emotionale Ebene:
Der Verlust eines geliebten Menschen löst eine ganze Reihe von unterschiedlichen Emotionen aus, die eine sehr unterschiedliche Qualität und Intensität haben können. Zunächst stehen Schock, Betäubung und Gefühlsleere oder innere Erstarrung, sowie Hilflosigkeit und Auflehnung gegen das Unfassbare im Mittelpunkt des Erlebens. Im weiteren Verlauf des Trauerprozesses treten Schmerz, Verlustangst, bodenlose Trauer und existentielle Verzweiflung auf. Hinzu kommen Gefühle von Zorn und Wut, sowie direkte oder indirekte Vorwürfe auf gegenüber dem Verstorbenen und oder anderen Personen die möglicherweise für den Tod des geliebten Menschen verantwortlich gemacht werden. Bestand beim Verstorbenen eine lange schwere Erkrankung, die über eine längere Zeit eine intensive Pflege erforderlich machte, so kommen bei den Angehörigen oftmals auch Gefühle der Erleichterung und Entlastung hinzu, die oftmals aber als „unpassend" oder „zu egoistisch" empfunden werden und deshalb verleugnet werden (müssen).

2. Kognitive Ebene:

Auf der gedanklichen Ebene setzt zu Beginn der Trauerreaktion zunächst häufig eine regelrechte „Gedankenblockade" ein, der Trauernde wird durch den Verlust des geliebten Menschen in einen psychischen Schock- und Ausnahmezustand versetzt, so dass kein klarer Gedanke mehr gefasst werden kann. Der Betreffende erlebt sich selbst als „wie neben sich stehend" und völlig „von der Rolle" so dass eine gedankliche Verarbeitung des Verlusterlebnisses zunächst einmal noch gar nicht stattfinden kann. Vorherrschende Gedanken sind: „es kann gar nicht wahr sein, weil es nicht wahr sein darf". Es ist wie ein Alptraum aus dem man irgendwann wieder aufwachen wird.

Erst allmählich kann die Unwiederbringlichkeit des Verlustes durch den Tod des geliebten Menschen in der Gedankenwelt zugelassen werden. Erst schrittweise kann die Radikalität dieses Geschehens mit den fundamentalen Auswirkungen auf das eigene Selbst- und Weltverständnis vom Trauernden begriffen werden. Gedanken wie „ ich kann ohne diesen Menschen nicht mehr weiterleben", oder „Liebe wird es für mich nicht mehr geben", werden zu ständigen Begleitern auf dem Weg durch das dunkle Tal der Trauer.

3. Körperliche Ebene:

Die Trauerreaktion wird meistens von starken Missempfindungen auf der körperlichen Ebene begleitet. Die häufigsten Symptome sind vegetative Störungen, wie Herzklopfen, Kurzatmigkeit bis Atemlosigkeit, Engegefühl in der Brust, schnelle Erschöpfbarkeit, ständige Müdigkeit, Muskelschwäche, Zittern, Schwindelgefühl, Schlafstörungen, gesteigertes Hungergefühl oder im Gegensatz dazu völlige Appetitlosigkeit. Häufig werden auch Übererregbarkeit und Überempfindlichkeit gegen Lärm berichtet, was die sowieso schon bestehenden Rückzugstendenz des Trauernden noch zusätzlich verstärken kann.

4. Verhaltensebene und Interaktion mit der Umwelt:
Der emotionale Schock am Beginn der Trauerreaktion führt zu einem vorübergehenden Einfrieren der sozialen Kontakt- und Beziehungsfähigkeit des Trauernden. Dies hat zur Folge, dass andere Menschen den Trauernden nur schwer oder gar nicht erreichen können.
Der Trauernde ist physisch zwar anwesend und scheint dennoch in weite Ferne gerückt. Es scheint, als ob sich der Trauernde hinter einer gläsernen Wand oder in einer undurchdringlichen Hülle befinden würde.Auch für Trost und Zuspruch scheint der Trauernde nur wenig oder gar nicht zugänglich. Er wirkt vielleicht sogar abweisend, so dass sich andere Familienmitglieder und Freunde nach einigen fehlgeschlagenen Versuchen der Kontakt-aufnahme schnell zurückziehen.
Nach mehreren Wochen und Monaten kommt es häufig zu einem tragischen Missverständnis zwischen dem Trauernden und den Menschen in seiner Umgebung. In einer Gesellschaft, die Sterben und Tod weitgehend aus dem Bewusstsein zu verdrängen versucht, wirkt der Trauernde mit seinem schwarzen Schatten der nicht enden wollenden Trauer eigentümlich bizarr und fremd. Es gibt kaum gesellschaftlich legalisierte Schon- und Schutzräume für Trauernde. Vielmehr führt der oftmals auch ökonomisch bedingte Druck, zur eigenen Existenzsicherung möglichst schnell ins Erwerbsleben zurückzukehren auch in der Umgebung des Trauernden zu vielleicht gut gemeinten Reaktionen wie „das Leben muss doch weitergehen" oder „Du kannst Dich doch jetzt

nicht so hängen lassen", oder „So lange Trauer ist doch auch nicht im Sinne des Verstorbenen", oder „Du musst loslassen" - dass ist das Letzte, was der Trauernde hören will. Für den Trauernden sind diese „Durchhalteparolen" unerträglich. Er fühlt sich unverstanden und unter Druck gesetzt. Er fühlt sich mit seiner Trauer als Last für andere und zieht sich noch mehr zurück, obwohl er sich nichts dringlicher wünscht als menschliche Wärme und Beistand, damit er nicht ganz in der inneren Einsamkeit verloren geht. Die Menschen im Umfeld des Trauernden interpretieren den verstärkten Rückzug des Trauernden fälschlicherweise als persönliche Ablehnung ihrer gut gemeinten Ratschläge, manchmal sogar als Affront gegen sich selbst. So reagieren die erwachsenen Kinder einer Witwe beispielsweise auf die untröstliche Trauer ihrer Mutter mit dem Satz:„Wir sind doch auch noch da und brauchen dich." So kann ein Teufelskreis entstehen, der vom Trauernden selbst und seinen wichtigsten Bezugspersonen nicht mehr aus eigener Kraft durchbrochen werden kann. Hier sind klärende Worte von professionellen Helfern im wahrsten Sinne des Wortes notwendend, weil nur so die einsetzende Entfremdung zwischen dem Trauernden und seinen Bezugspersonen aufgebrochen werden kann.

2.3 Einige Trauerkonzepte im Überblick

Elisabeth Kübler-Ross beschrieb 1969 fünf Phasen des Sterbens. Danach durchläuft der Sterbende folgende 5 Phasen: Nichtwahrhabenwollen – Feilschen und Verhandeln – Wut und Zorn – Depression – Akzeptanz.

1970 legten John Bowlby und Collin Murray Parkes ein vierphasiges Modell des Trauerprozesses vor, das sich stark an die 5 Phasen des Sterbeprozesses von Elisabeth Kübler-Ross anlehnt.

1972 entwickelte Yorick Spiegel ein psychoanalytisches Modell der Trauerverarbeitung. Dabei handelt es sich nicht um ein Phasenmodell. Spiegel hat 5 verschiedene Aufgaben der Trauerarbeit beschrieben,von deren Bewältigung es abhängt, ob der Trauernde den Trauerprozess ohne Komplikationen meistern kann, oder ob es zu einer erschwerten Trauerreaktion kommt. Die einzelnen Traueraufgaben lauten: Auslösung der Trauer - emotionale Stabilisierung - Anerkennung der Realität - Entscheidung zum Leben - Expression unakzeptabler Gefühle und Wünsche.

1982 wurde von Verena Kast ein weiteres psychoanalytisches Konzept der Trauerverarbeitung vorgelegt. Dabei handelt es sich um ein Modell mit insgesamt 4 Phasen das im Folgenden als theoretische Grundlage für die Begleitung von trauernden Angehörigen dienen soll.

Erste Phase: „Nicht-Wahrhaben-Wollen"
Der Verlust wird zunächst massiv verleugnet, der oder
die Trauernde fühlt sich zumeist empfindungslos und ist
oft starr vor Entsetzen: „Es darf nicht wahr sein, ich
werde erwachen, das ist nur ein böser Traum!" Diese
erste Phase ist meist kurz, sie dauert ein paar Tage bis
wenige Wochen.

Zweite Phase: „Aufbrechende Emotionen"
In der zweiten Phase werden die unterschiedlichsten
Gefühle gleichzeitig oder in schnellem Wechsel
durchlebt. Der Trauernde durchlebt intensive Zustände
bodenloser Trauer, brennender Wut, vernichtende Angst
und Ruhelosigkeit, sowie existentieller Verlassenheit.
Der Betroffene leidet zusätzlich oft unter Schlafstörungen. Eventuell setzt die Suche nach einem oder
mehreren „Schuldigen" ein (Ärzte, Pflegepersonal , bei
Unfällen auch andere am Unfall beteiligte Personen...).
Der konkrete Verlauf dieser Phase hängt stark davon ab,
wie die Beziehung zwischen den Hinterbliebenen und
dem Verlorenen war, ob zum Beispiel Probleme noch
besprochen werden konnten oder ob viel offengeblieben
ist. Starke Schuldgefühle können dazu führen, dass man
auf dieser Stufe stehenbleibt.

Dritte Phase: „Suchen, Wiederfinden, Sich-Trennen"
In der dritten Trauerphase wird der Verlorene unbewusst
oder bewusst „gesucht", meistens dort, wo er im
gemeinsamen Leben anzutreffen war, z. B. in Zimmern,
Landschaften, auf Fotos, aber auch in Träumen oder
Phantasien etc. Die Konfrontation mit der Realität
bewirkt, dass der Trauernde immer wieder lernen muss,
dass sich die Verbindung drastisch verändert hat.

Und so wird durch jedes „Finden" in der Erinnerung immer auch ein neues Stück Trauer ausgelöst, indem der Trauernde schmerzlich realisiert, dass es genau diese Erfahrung mit dem Verstorbenen in der Gegenwart und Zukunft nicht mehr geben wird. Was bleibt, ist die liebevolle Verbindung mit dem Verstorbenen, die der Trauernde in seinem Herzen spürt. Die wiedergefundene, erinnernde Liebe zu dem verstorbenen Menschen ist es letztendlich, die dem Trauernden hilft, den Verstorbenen als „innere Figur" oder psychoanalytisch gesprochen als „inneres Objekt" in der seelischen Welt zu konstituieren und zu neu zu integrieren.

Der Verlorene wird durch diesen innerpsychischen Prozess, der in der Tiefenpsychologie auch als Inkorporation oder Introjektion bezeichnet wird, zu einem „inneren Begleiter", mit dem man durch inneren Dialog weiterhin in Beziehung stehen kann. Gelingt diese Verinnerlichung der Beziehung zum Verstorbenen nicht, so besteht die Gefahr, dass der Trauernde eine Art Pseudoleben mit dem Verlorenen zu leben versucht. Das bedeutet, nichts darf sich ändern, der Trauernde versucht das gemeinsame Leben mit dem Verstorbenen quasi fort zusetzen.

Dadurch entfremdet er sich dem Leben und den Lebenden immer mehr, er zieht sich mit dem Verstorbenen auf eine Art „psychologische Insel" zurück, und koppelt sich immer mehr von der Realität ab.

Diese Entwicklung markiert den Übergang von einem gesunden zu einem eindeutig pathologischen Trauer- prozess, der ein psychotherapeutisches Eingreifen erforderlich macht. Wenn der Verstorbene aber zu einer inneren Person wird, die sich weiterentwickeln und verändern kann, dann wird die nächste Phase der Trauerarbeit erreicht. Eine wichtige Voraussetzung damit dies geschehen kann, besteht darin, dass auch noch ungelöste Probleme und Konflikte mit der verlorenen Person quasi posthum aufgearbeitet werden können.

Hierzu ein Beispiel:
Eine 41 jährige Frau berichtet in einer geschlossenen Trauergruppe, sie leide sehr unter Schuldgefühlen der Mutter gegenüber, die vor drei Jahren an Krebs verstorben sei. Grund für die Schuldgefühle war, dass die Frau nicht mehr nachts ins Krankenhaus gefahren ist, nachdem man ihr telefonisch mitgeteilt habe, dass es der Mutter plötzlich schlechter ging und sie vielleicht die Nacht nicht überleben würde. Die Frau war tagsüber bei der Mutter, traute sich aber wegen eisglatten Straßen nicht zu nochmals die ca. 20 km bis zum Krankenhaus zu fahren. Sie warf sich nun vor, dass dies doch sehr egoistisch von ihr gewesen sei, dass sie es nicht zumindest versucht habe.
Während eines Gruppentermins konnte die Frau mit der inneren Mutter Kontakt aufnehmen, indem sie sich vorstellte, die Mutter würde das Gespräch zwischen uns mithören können. Sie stellte sich weiterhin vor, was würde die Mutter ihr wohl darauf antworten. Die Frau hatte zeitlebens ein sehr inniges Verhältnis zu ihrer Mutter und spürte bei dieser Frage in sich ein warmes zärtliches Gefühl aufsteigen. Sie deutete diese spontane Gefühlswahrnehmung als „Antwort" dass sie sich nicht länger Vorwürfe zu machen braucht, weil ihre Mutter ihr nichts nachträgt und sie sich deshalb selbst auch endlich ihr vermeintliches Versäumnis verzeihen darf.
Diese Erfahrung, war für die Frau äußerst befreiend und sie konnte in den folgenden Wochen spüren, wie sie mit mehr Mut und Tatkraft daran ging, einige Probleme in ihrem Leben endlich aus dem Weg zu räumen. Sie

merkte jetzt erst, wie viel Lebensenergie die unbewältigten Schuldgefühle ihr geraubt hatten.

"Vierte Phase: „Neuer Selbst- und Weltbezug"

In der vierten Phase ist der Verlust soweit akzeptiert,dass der verlorene Mensch zu einer inneren Figur geworden ist. Lebensmöglichkeiten, die durch die Beziehung erreicht wurden und die zuvor nur innerhalb dieser Beziehung möglich gewesen sind, können nun zum Teil zu eigenen Möglichkeiten werden.

Hierzu ein Beispiel:

Eine Witwe in der Trauergruppe, die zeitlebens in dem vom Ehemann aufgebauten Unternehmen mitgearbeitet hat und in dieser Tätigkeit ihre berufliche Identität gefunden hat, führt nach dem plötzlichen Tod ihres Mannes das Familienunternehmen weiter, indem sie einen Geschäftsführer einstellt und sich nach und nach in die Geschäftsleitung einarbeitet.

Ein weiteres Beispiel:

Ein Witwer, der mit einer Französin verheiratet war, pflegt die Kontakte seiner Frau zu ihrem Herkunftsland auch über ihren Tod hinaus weiter. Er gründet an seinem Wohnort einen deutsch- französischen Gesprächskreis und organisiert gegenseitige Besuche mit einer französischen Partnergemeinde.

Gelingt der Übertritt in die vierte und letzte Phase des Trauerprozesses, dann ist der Trauernde am Ende dieser Phase wieder in der Lage, sich auf seinen persönlichen Lebens- und Entwicklungsprozess voll und ganz einzulassen. Das bedeutet, dass er das „psychologische" Erbe der vergangenen Beziehung, bestehend aus der

Summe aller Lebenserfahrungen und Entwicklungsmöglichkeiten für sich voll auszuschöpfen weiß, ohne von diesem Erbe in seiner zukünftigen Entwicklung festgelegt oder gar beschränkt zu werden. Vielmehr können neue Beziehungen, neue Rollen, neue Verhaltensmöglichkeiten, neue Lebensstile zukünftig realisiert werden. Dass jede Beziehung vergänglich ist, dass alles Einlassen auf das Leben an den Tod grenzt, wird als Erfahrung integrierbar. Idealerweise kann man sich dann trotz dieses Wissens auf neue Bindungen einlassen, weil man weiß, dass Verluste zu ertragen zwar schwer, aber möglich ist und jeder Abschied auch neues Leben in sich birgt.

2.4 Leitlinien für die Trauerbegleitung

Trauern stellt ein äußerst komplexes Geschehen dar, welches niemals nach einem genormten Trauermodell abläuft. Die nachfolgenden Leitlinien zum Umgang mit Trauernden können daher nur ein Orientierungsrahmen sein, der es professionellen Helfern erleichtern kann, auf die spezifischen Bedürfnisse von Trauernden besser eingehen zu können. Dabei kommt der Trauerbegleitung immer auch eine präventive Aufgabe zu, in dem Sinne, trauernde Menschen darin zu unterstützen, dass sie nach einem heilsamen Trauerprozess ihre psychische Funktionsfähigkeit wiedererlangen und sich mittels psychosozialer Bewältigungs- und Adaptionsprozesse an ihre neue Lebenssituation anpassen können.

Begleitung von Angehörigen in der Terminalphase
Aus der Trauerforschung wissen wir, dass die Todesart und die genaueren Umstände des Sterbeprozesses einen wesentlichen Einfluss auf die Trauerbewältigung der Angehörigen haben. In der Regel gilt, dass ein plötzlicher und unerwarteter Tod, sowie die Einwirkung äußerer Gewalt, wie beispielsweise bei einem Verkehrs- oder Arbeitsunfall, oder Suizid, komplexere und langwierigere Trauerverarbeitungsprozesse bei den Angehörigen zur Folge haben, als der erwartete Tod eines Angehörigen nach längerer Erkrankung, wenn also genug Zeit für den Abschied blieb. Dies gilt allerdings nur dann, wenn Angehörige und Sterbender sich diesem bewussten Abschiednehmen auch gestellt haben und in der Begegnung zwischen ihnen Unabgeschlossenes noch geklärt werden konnte. Hier haben Ärzte und Pflegepersonal die Gelegenheit, Sterbende und Angehörige zu einem offenen Umgang miteinander zu ermutigen, den nahen Tod und den damit

einhergehenden Abschied behutsam anzusprechen, anstatt aus falscher Rücksichtnahme oder eigener Unsicherheit und Angst das Sterben auch noch auf dem Sterbebett zu verleugnen. Hier braucht es Empathie, Fingerspitzengefühl und Geduld, denn selbstverständlich kann diese Konfrontation mit der Realität des nahenden Todes den Betroffenen nicht aufgezwungen werden. Oftmals genügt der Hinweis an die Angehörigen, dass es ein Bedürfnis von Sterbenden ist, die letzten Dinge regeln zu wollen, um in Frieden gehen zu können. Zu diesen letzten Dingen gehört eben gerade auch, Ungeklärtes was zwischen dem Sterbenden und seinen Angehörige n stehen könnte, soweit wie möglich noch auszuräumen, um in Frieden mit sich und anderen Abschied nehmen zu können. Ärzte und Pflegepersonal können die Angehörigen auch dadurch unterstützen, dass sie ihnen zeigen, wie sie mit dem Patienten umgehen können und wie sie mit ihm/ihr Kontakt aufnehmen können.

Befindet sich der Patient auf einer Intensivstation und wird viel technisches Gerät eingesetzt, so ist es für Angehörige besonders hilfreich, wenn sie eine für sie verständliche Einweisung und Funktionserklärung dieser Apparate erhalten. Das nimmt ihnen zum einen die eigene Scheu und Unsicherheit im Umgang mit dem Patienten, zum anderen können derartige Informationen dazu beitragen, dass die Angehörigen Stück für Stück die Wahrheit über den fortschreitenden Krankheitsprozess und das bevorstehende Lebensende für sich realisieren können.

Geht dem Tod eine längere Zeit der kontinuierlichen Verschlechterung des Krankheitszustandes mit erheblichem Pflegeaufwand im Rahmen der häuslichen Pflege voraus, so neigen Angehörige oft dazu, sich selbst und andere Familienmitgliede völlig zu überfordern, sei es dass man selbst an körperliche Belastungsgrenzen kommt oder seine eigenen Bedürfnisse und Interessen völlig vernachlässigt. Hier spielen unbewusste Schuldgefühle häufig eine wichtige Rolle. Die Angehörigen versuchen in diesem Fall mit ihrer aufopfernden Fürsorge etwas gut zu machen, oder dem Sterbenden irgend etwas zu beweisen. Zum Beispiel, dass man doch immer für den Sterbenden da sein wollte, obwohl es zeitlebens viele Konflikte oder Zerwürfnisse gegeben hat.

Hierzu ein Beispiel
Eine 50 jährigen Frau, die wegen einer depressiven Symptomatik in psychotherapeutische Behandlung war, besuchte ebenfalls regelmäßig die Trauergruppe. Frau B. erzählte in einer der ersten Begegnungen, dass sie drei bis vier mal in der Woche nach der Arbeit für mehrere Stunden zu ihren hoch betagten Großeltern geht, die beide weit über 90 Jahre alt waren und im Pflegeheim wohnten. Dadurch hatte sie kaum Zeit für sich und es fiel ihr schwer, eigenen Bedürfnissen und Wünschen aktiv nachzugehen. Sie konnte sich anfangs nicht vorstellen an dieser für sie selbst sehr belastenden Situation etwas zu ändern, weil sie sich moralisch dazu verpflichtet fühlte. Wenn sie einmal nicht zu den Großeltern gehen konnte, fühlte sie sich sofort schuldig und litt unter quälenden Schuldgefühlen. In der Therapie ging es darum, so erzählte sie in der Gruppe, den biographischen Hintergrund für diese massiven Schuldgefühle auf-zuhellen, damit die Frau einen Ausweg aus diesem neurotischen Schuldkonflikt finden konnte.
Dabei kam heraus, dass der Großvater neben der Mutter der Frau noch eine ältere Tochter hatte, die verheiratet war und zwei Kinder hatte. Von Kindheit an lebte die Frau mit ihrer Mutter und dem Stiefvater ganz in der

Nähe der Großeltern. Die Frau verbrachte dadurch mit Cousin und Cousine viel gemeinsame Zeit bei den Großeltern auf dem Hof. Die Frau erlebte, dass der Großvater sich liebevoll um seine beiden Enkel der älteren Tochter kümmerte während die Frau sich lediglich „geduldet" fühlte. Sie kam sich „zuviel" vor, bemühte sich zwar stets, dem Großvater alles recht zu machen, was ihr aber niemals gelingen wollte. Wenn es Streit gab, wurde ihr stets die Schuld daran gegeben. Sie fühlte sich an allem schuldig und für alles verantwortlich. Hintergrund der Ungleich-behandlung war, dass die Mutter der Frau ledig schwanger wurde und später einen Mann heiratete, mit dem der Vater nicht einverstanden war. Die Großmutter wollte zwar diese Ungleichbehandlung ihrerseits nicht, war jedoch zu schwach, um sich gegen ihren Mann durchsetzten zu können. Die Mutter der Frau war sehr froh, dass sich die Großeltern um die Tochter kümmerten, weil sie berufstätig war und wollte sich deshalb nicht mit ihrem Vater anlegen. Die Frau besuchte also die Großeltern regelmäßig, während die Enkelkinder der anderen Tochter in Norddeutschland leben und kaum zu Besuch kamen. In den weiteren Begegnungen wurde für die Frau deutlich, dass sie dem Großvater endlich beweisen wollte, „dass sie nicht so schlecht sei, wie er immer geglaubt hatte". Der alte Mann war jedoch wenig einsichtig geworden mit den Jahren und war sehr barsch und abweisend zu seiner Enkeltochter. Sie konnte es ihm auch jetzt nie recht machen, oft beschimpfte er sie wegen Dingen, die ihn im Heimalltag nicht gefielen, die aber gar nicht von der Frau zu ändern waren. Die Frau litt sehr unter der Situation, konnte sie aber für sich nicht lassen. Sie vergrub ihren Ärger und die Kränkungen in ihrer Seele und ging für viele Monate weiter zum Großvater.

In der Trauergruppe konnte sich die Frau nach und nach, ihren Ärger und ihre Enttäuschung über das immer noch so abwertende Verhalten ihres Großvaters eingestehen. Sie erlaubte sich mit viel Scham- und Schuldgefühlen endlich den Gedanken auszusprechen, dass es für sie eine Befreiung bedeuten würde, wenn der Großvater endlich gestorben wäre. Sie hatte solche Angst, für diese „bösen Gedanken" bestraft zu werden. Dies führte innerpsychisch dazu, dass jegliche aggressiven Impulse schon im Keim abgewehrt werden mussten. Die Verdrängung dieser aggressiven Impulse löste letztendlich die depressive Symptomatik aus, wegen der sich die Frau in psychotherapeutische Behandlung begab. Auch nach dem Tod des Großvaters war es für die Frau ein langer Weg, sich von den neurotischen Schuldgefühlen zu befreien.

Medizinische Helfer können durch einfühlsame Hinweise auf die psychischen und physischen Belastungsgrenzen den Angehörigen helfen, ihre eigenen Bedürfnisse nicht aus dem Blick zu verlieren. Dazu gehört auch, widersprüchliche Gefühle zu dem sterbenden Angehörigen bei sich wahrnehmen zu dürfen und in damit umgehen zu lernen.

Begleitung Trauernder in der Phase des Nicht-wahrhaben-Wollens

Bei einem schweren Verlust steht am Anfang die Verweigerung der Realität. Der Trauernde kann nicht begreifen, dass sein geliebter Mensch tot ist. Was er erlebt ist nicht wirklich real für ihn, sondern bleibt eigentümlich fern, unwirklich und unbegreiflich. Im Schock schaltet der Organismus fast alle Regungen ab und stellt sein Funktionieren auf niedrigstem Energieniveau ein. Es geht jetzt nur darum, das

Entsetzliche zu überleben. In diesem Zustand fühlen wir kaum noch etwas, nicht einmal das Entsetzen, den Schmerz, oder die Ohnmacht. Wir können nicht mehr richtig denken und fühlen. Nach außen wirken wir aber – für andere oft überraschend – gefasst und ruhig. Doch ist dies nur ein Zeichen dafür, dass der Organismus alles Fühlen und Spüren abgeschaltet hat.

Für die Begleitung von Trauernden in dieser ersten Phase ist es wichtig, die eingeschränkte Denk- und Handlungsfähigkeit des Trauernden wahrzunehmen und ihm die notwendigen Informationen und praktischen Hilfen zur Bewältigung der anstehenden Formalitäten zu geben. Vielleicht gibt es im familiären Umfeld des Trauernden oder in dessen Bekanntenkreis Menschen, die dem Trauernden bei der Bewältigung dieser alltäglichen Besorgungen behilflich sein können. Wenn dies nicht der Fall ist, können soziale und caritative Hilfsdienste in Anspruch genommen werden. Hier ist es jedoch wichtig, dem Trauernden konkrete Anlaufstellen in seiner Umgebung zu nennen oder wenn nötig, den Erstkontakt selbst herzustellen. Oftmals sind gerade ältere Menschen damit überfordert, diese Kontakte zu Hilfsdiensten selbst aufzunehmen.In dieser Phase müssen professionelle Helfer versuchen, einen schwierigen Balanceakt hinzubekommen: einerseits ist es wichtig, den Trauernden spüren zu lassen, dass er nicht allein ist, andererseits dürfen die Helfer den Trauernden aber auch nicht entmündigen oder ganz in Beschlag nehmen. Der Trauernde braucht einerseits die menschliche Zuwendung und Wärme, muss andererseits aber auch wieder eigenständig weiterleben lernen mit Nachbarn und Familienangehörigen. Es geht also darum, die richtige Balance zu finden zwischen Zuwendung und Nähe einerseits und professioneller Distanz andererseits, damit der Trauernde nicht das Gefühl hat, es würden ihm Versprechungen gemacht, die dann später von den Helfern nicht eingehalten werden können. Entscheidend für eine gute Trauerbegleitung in dieser Phase ist, dass der Trauernde das Gefühl hat, er darf so starr und empfindungslos sein, wie er ist und niemand macht ihm daraus einen Vorwurf, wenn er jetzt keine Tränen hat. Diese erste Phase des Schocks und Nicht-wahrhaben-Wollens dauert bei schweren Verlusten zwischen einigen Tagen und mehreren Wochen an. Danach sollte durch das allmähliche Aufbrechen der Trauergefühle die nächste Phase eingeleitet werden. Es besteht jedoch die Gefahr, dass der Trauernde in der ersten Phase quasi „hängen bleibt", d. h. auch nach zwei bis drei Monaten noch im Schockzustand ist und keinen Zugang zu seinen Gefühlen findet. Hier ist ein Intervenieren auf jeden Fall ratsam, weil sonst die Gefahr besteht, dass der Trauernde aufgrund der anhaltenden Verdrängungs-reaktion psychosomatische Beschwerden entwickelt. Häufig flüchten sich Trauernde in die „Geschäftigkeit" ihres Berufsalltags, um den an die Oberfläche drängenden Trauergefühlen zu entkommen. Tapferkeit, Fassung und stoisches Ertragen der Trauer sind durchaus „Tugenden", mit denen unsere Gesellschaft Trauernde konfrontiert. Es ist weder erwünscht noch konform, sich hemmungslos gehen zu lassen und den Schmerz deutlich zu zeigen. Gefühlsausbrüche wie Weinen, Klagen, Schreien und Schluchzen sind in der Öffentlichkeit nicht erwünscht. Die Trauer hat einen sehr engen Rahmen gesellschaftlicher Toleranz. Wer die herausbrechenden Gefühle von Schmerz und Trauer offen zeigt, läuft ständig Gefahr, aus dem Rahmen zu fallen. Dieser gesellschaftliche Anpassungsdruck, dem sich der Trauernde ausgesetzt fühlt kann eine Ursache für die Verlängerung der Erstarrungsphase über das gesunde Maß hinaus sein: der Trauernde hat Angst davor, dass seine Gefühle, wenn er sie zeigt, nicht akzeptiert werden und ihm von anderen Unverständnis entgegengebracht wird, oder er gar von anderen geschnitten wird. Die allgemeine Unfähigkeit unserer Gesellschaft, mit diesen schwierigen Seiten menschlichen Daseins umzugehen und die einseitige gesellschaftliche Fixierung auf Vitalität, Jugendlichkeit und Leistungskraft, macht es Trauernden heute zusätzlich schwer, einen heilsamen Umgang mit ihrer Trauer zu lernen. Hier können Selbsthilfegruppen und professionell begleitete Gesprächsgruppen, Trauergruppen, oder Trauerseminare einen wichtigen Begegnungsraum für Trauernde eröffnen.

Begleitung Trauernder in der Phase aufbrechender Gefühle
In dieser Phase weicht die innere Erstarrung der Gefühle langsam dem überwältigenden Anbranden ganz unterschiedlicher Gefühle. Wahllos und zunächst vollkommen ungeordnet, durchlebt der Trauernde meist in kürzester Zeit die unterschiedlichsten Gefühle wie lähmende Angst, brennender Schmerz, bodenlose Trauer, quälende Schuldgefühle, gewaltige Wutausbrüche, zwischendurch aber auch sehr berührende Momente intensiver Liebe und Verbundenheit mit dem Verstorbenen, sowie tiefe Dankbarkeit für das Geschenk der glücklichen Momente zu Lebzeiten des Verstorbenen.
Antje Uffmann hat in ihrem Buch „Trauern – und leben!" - einem sehr einfühlsamen Begleit- und Arbeitsbuch für Trauernde - die inneren Gefühlszustände, die Trauernde durchleben mit symbolischen Bildern und Orten einer

inneren Trauerwelt beschrieben. Es handelt sich dabei um archaische Seelenbilder die sich auch in der Psychologie des kollektiven Unbewussten von C.G. Jung wieder finden. Ich möchte im Folgenden, die innere Trauerwelt, in der sich Trauernde in dieser Phase befinden, anhand einiger dieser Seelenbilder näher bringen.

Im finsteren Tal der Angst bin ich gefangen

„Ich sehe in meiner Fantasie eine dunkle unheimliche Schlucht im Gebirge. Schwarz und steil ragen zu beiden Seiten die Felsen der Berge auf. Es ist Nacht, kein Mondstrahl erhellt den Weg. Der Trauernde ist ganz allein. Dieses Tal muss nun durchschritten werden. Es lauern viele Gefahren. In der Dunkelheit kann sich Furchtbares verbergen. Wer hier steht und hindurchgehen muss, spürt Beklemmung und Angst. Das Wort Angst ist aus Enge entstanden. Sie kann sich wie ein enger Panzer um die Brust legen und den Atem abschnüren. Sie kann lähmen. Wer in dem dunklen Tal steht, spürt diese Angst und will keinen Schritt mehr weitergehen. Zitternd und mit angehaltenem Atem bleibt er stehen. Das eigene Herz klopft so laut, dass es im ganzen Tal wiederhalt.. Das finstere Tal ist eine Seelenlandschaft, in der die Angst herrscht."

Die Metapher vom finsteren Tal steht für die Erfahrung existentieller Angst. Existentielle Angst lässt erstarren oder lähmt, beengt, beklemmt, verschließt. Sie lässt sowohl erzittern und schlottern als auch verstummen, sprachlos und leise werden, als auch fassungslos, bis zum Schrei des Entsetzens. Sie beeinträchtigt alle Empfindungen und Lebensäußerungen. Das normale Leben wird, wenn möglich, irgendwie zwar weitergelebt, innerlich herrscht namenlose Bedrohung oder Furcht vor kommenden Ereignissen, mit allen Zeichen der Krise. Manchmal ist der Boden für den Betroffenen nicht mehr spürbar.

Ein Beispiel

Ein vierunddreißig Jahre alter Mann, der seine Frau durch einen Unfalltod verloren hatte, beschreibt in einem längeren Seelsorgegespräch diese Erfahrung existentieller Angst wie folgt: „Ich musste aus der Erstarrung aufwachen, da waren ja noch die beiden Kinder. Ich musste mich auch um die Todesanzeige kümmern. Aber ich hatte eine solch grauenhafte Angst, ich hatte Angst, keinen Tag mit den Kindern allein überleben zu können, ich fühlte mich wie gelähmt vor Angst, ich dachte, ich könne nicht mehr weiterleben. Mein zehnjähriger Sohn nahm mich bei der Hand und sagte: Wir sind ja auch noch da, Papa. Diese Angst kam auch später immer wieder. Manchmal ganz plötzlich, ohne richtigen Anlass, hatte ich das Gefühl, mein Leben nicht mehr auf die Reihe zu bekommen und allem und jedem hilflos ausgeliefert zu sein. Bei diesem Gedanken ergriff mich ein unkontrollierbares Zittern und es stieg eine innere Kälte in mir hoch und ich begann fürchterlich zu frieren".

Die Atmosphäre im Raum um einen Menschen mit dieser existentiellen Angst beengt und beklemmt oder flattert unruhig. Sie veranlasst Hinzukommende, die Atmung einzuschränken und Lebensäußerungen zu reduzieren. Existentielle Angst kann ansteckend wirken und auf andere übergreifen und in der Folge der Ansteckung beim Gegenüber entsprechende Abwehrreaktionen hervorrufen. In der Psychologie wird dieses Phänomen als Gegenübertragung bezeichnet.

Häufig führt eine derartige Gegenübertragung bei professionellen Helfern und anderen Bezugspersonen dazu, dass der Kontakt zum Trauernden unbewusst vermieden wird. Trauernde erleben diese Vermeidungstendenz oft als „gemieden oder gar geschnitten werden", was sie zusätzlich noch verunsichert und sich einsam fühlen lässt. Hilfreich ist ein Mensch, der diese existenzielle Angst des Trauernden mit seinem Wesen aufzunehmen vermag und in der Lage ist, seinen persönlichen Raum in der Atmosphäre der Bedrängnis und höchsten Angst bewusst auszufüllen und damit dem Trauernden schrittweise ermöglicht, seinen eigenen persönlichen Raum wiederzugewinnen. Bewusste, kurzzeitige, innere Distanzierung, nicht Distanziertheit und emphatisches Zuhören helfen dem Begleiter in solchen Situationen, im „eigenen Boot" zu bleiben und nicht „mit dem anderen zu ertrinken". Im Einzelnen zeigt sich das darin, dass der Atem des Trauernden zu fließen beginnt und damit Erstarrung und Lähmung in seinem Körper wieder nachlasen. Innerer und äußerer Raum weiten sich, der Trauernde kommt bildlich aus der Enge des tiefen Tales heraus, sein Fühlen und Erleben setzten von Neuem ein. Auf diese Weise kann die namenlose Angst als menschliche Grunderfahrung spürbar und vom Trauernden bewusst mit Worten ausgedrückt werden.

In der trostlosen Wüste weine ich bittere Tränen

„Immer wieder wird der Trauernde in der Seelenland-schaft der trostlosen Wüste umherirren und bittere Tränen weinen. Die Wüste ist eine trostlose Landschaft. Endlos dehnen sich Sanddünen, Stein- und Geröllfelder und dorniges Gestrüpp aus. Alles ist braun und ausgetrocknet, weit und breit kein grüner Strauch, kein

Lebenszeichen. Der Trauernde geht durch diese Landschaft, doch es gibt kein Ziel und keine Richtung. Wohin soll er denn gehen? Die Wüste sieht endlos aus. Jeder Schritt schmerzt, und die Dornen reißen Wunden. Trostlosigkeit und Verzweiflung ergreifen ihn. Irgendwann setzt sich der Trauernde auf einen großen Stein und fängst an zu weinen. Die Tränen zeigen, dass er nun verstanden hat, wie es um ihn steht. Die Realität der Wüste hat ihn eingeholt."

Tränen sind eine Hilfe, die unser Körper uns in dieser schweren Zeit gibt. Tränen der Trauer schmecken bitter, sie haben eine besondere biochemische Zusammensetzung und enthalten ein körpereigenes Schmerzmittel. Dadurch wirken sie beruhigend. Jeder kennt das Gefühl, wenn nach langem Weinen Ruhe eintritt. Wer nicht weinen kann, hat irgendwann in seinem Leben durch das Weinen Verletzungen erlitten. Z.B. hat er erlebt, dass er für seine Gefühle bestraft oder von anderen gehänselt wurde. Oder es wurde ihm vermittelt, dass Gefühle ein Zeichen von Schwäche seien. Besonders Männer haben in ihrer Erziehung häufig gelernt, dass es sich für einen Jungen nicht gehört, seinen Tränen freien Lauf zu lassen, frei nach dem Motto „ein Indianer kennt keinen Schmerz". Trauernde, die nicht oder nur nach innen weinen können brauchen einen äußeren Schutzraum durch mitfühlende Begleiter, die selbst ihre Gefühle zulassen können und dadurch dem Trauernden ohne Worte die Erlaubnis geben, seine Tränen fließen zu lassen.

Schuldgefühle ziehen mich in ihren Bann
In dem aufbrechenden Gefühls-Chaos der zweiten Phase spielen Schuldgefühle eine wichtige Rolle. Dabei kreisen die Schuldvorwürfe um unterschiedliche Themen:

Hätte ich den Tod irgendwie verhindern können? Tritt der Tod durch ein unvorhersehbares Ereignis wie beispielsweise ein Unfall oder eine plötzliche Krankheit, wie Herzinfarkt ein, so stellt sich der Hinterbliebene immer wieder die quälende Frage, was wäre gewesen, wenn ..... z.B. bei einem tödlichen Fahrradunfall: was wäre gewesen, wenn der geliebte Mensch an diesem Morgen nicht mit dem Fahrrad zur Arbeit gefahren wäre, sondern das Auto genommen hätte. Möglicherweise ist er ja nur mit dem Fahrrad gefahren damit der Hinterbliebene die Wocheneinkäufe mit dem Auto erledigen konnte. Oder bei einem Badeunfall im Urlaub aufgrund eines Herzinfarktes: was wäre gewesen, wenn wir nicht auf dieser einsamen Insel Urlaub gemacht hätten und ärztliche Hilfe schneller da gewesen wäre. Oder der Trauernde wirft sich selbst vor, dass er nicht vor dem Urlaub den geliebten Menschen dazu gedrängt hatte, noch einen Arzttermin auszumachen, weil er in letzter Zeit öfter mal über Herzbeschwerden geklagt hatte. Diese Fragen nach der Beteiligung und möglichen Schuld, lassen sich vom Trauernden nicht vermeiden. Sie sind Ausdruck der Verantwortung, die er für seinen Angehörigen übernommen hat. Verantwortung aber ist wiederum ein Zeichen der Liebe und Verbundenheit zwischen zwei Menschen.

Für einen gesunden Umgang mit diesen Fragen und Selbstvorwürfen ist es zunächst wichtig, dass der Trauernde sie alle in Ruhe durchgehen und mit einem verständnisvollen Gegenüber durchsprechen kann. Viele Vorwürfe werden sich auf diese Weise auflösen lassen. Kommt der Trauernde dann zu dem Schluss, dass er tatsächlich durch sein Verhalten zum Tod des Angehörigen beigetragen hat, dann wird das zunächst den Trauernden sehr belasten. Der Betroffene kann sich lange Zeit die Schuld anlasten und sich damit quälen. Dies wäre zwar verständlich und doch hindern diese Selbstvorwürfe den Trauernden daran, dass er die Liebe zum Verstorbenen in den Mittelpunkt stellen kann und damit in seinem Trauerprozess voranschreiten kann. Anstatt sich mit Selbstvorwürfen zu geißeln, ist es für einen heilsamen Umgang mit Schuldgefühlen viel ratsamer, zu dem erkannten Schuldanteil zu stehen und damit dem verstorbenen Angehörigen gegenüber zutreten und ihn um Verzeihung zu bitten. Dadurch kann im Trauernden seine Liebe zum Verstorbenen wieder in den Mittelpunkt rücken und gleichzeitig eröffnet die wieder zugelassene Liebe den Raum für das Verzeihen. Wenn Trauernde diese Möglichkeit nicht selbst intuitiv finden und in einen inneren Dialog mit dem Verstorbenen treten, so kann ein einfühlsamer Begleiter den trauernden Menschen auf diese Möglichkeit der inneren Versöhnung auch über den Tod hinaus hinweisen.

Ich fühle mich schuldig, weil ich lebe und du sterben musstest

Warum musste der geliebte Mensch sterben, warum er und nicht ich? Das ist ein Gedanke den viele Hinterbliebene hegen, insbesondere wenn der Verstorbene noch weit vor dem natürlichen Todesalter sterben musste oder aber der Hinterbliebene ist deutlich älter, wie sein verstorbener Angehöriger.

Allein die Tatsache, dass der Hinterbliebene lebt und der geliebte Mensch nicht mehr leben darf, kann zu einer unerträglichen Bürde werden, die nicht selten durch den Gedanken, dem Verstorbenen nachfolgen zu wollen, im Hinterbliebenen Todessehnsucht und Suizidgedanken wecken kann. Für die Begleitung des Trauernden in dieser Phase ist es von großer Bedeutung, den

Trauernden dazu zu ermutigen seine Überlebensschuld offen auszusprechen und sie als inneres Schulderleben im Rahmen der Trauerverarbeitung als verständliches Phänomen anzunehmen. Erst wenn das Schulderleben angenommen und in der Tiefe verstanden wird, ist es möglich, die darin gebundene Liebe des Trauernden zu dem Verstorbenen wahrzunehmen und frei zu setzten. Dann kann sich das Schuldgefühl in diese Liebe zum Verstorbenen hinein auflösen. Wenn Begleiter diese existentielle Schulderfahrung des Trauernden selbst nicht aushalten können oder meinen, ihm dies Schuldgefühle „abnehmen" zu müssen, kommt es häufig zu dem Versuch, dem Trauernden seine „Schuldgefühle" mit rationalen Argumenten quasi „ausreden" zu wollen. Dies bewirkt bei dem Trauernden, dass er sich mit seinem Erleben nicht verstanden fühlt, ja sich regelrecht für sein Empfinden rechtfertigen muss. Zu der Belastung durch die Schuldgefühle kommt in diesem Fall noch das Gefühl des „Nicht-verstanden-Werdens" hinzu. Der Trauernde fühlt sich nicht nur schuldig sondern darüber hinaus auch noch einsam und alleingelassen.

Der Vulkan - Wut ebnet neue Wege in der Trauerverarbeitung

Der Trauernde kommt im Laufe des Trauerprozesses auch immer wieder in Kontakt mit einem der vitalsten Gefühle, zu denen wir Menschen fähig sind: dem Gefühl der Wut und des Zornes. In der Bilderwelt der Seele steht der Vulkan für diese Gefühlsqualität. In seinem Inneren brodelt und kocht es. Wenn der Vulkan zum Ausbruch kommt, dringt durch den Vulkanschlot das glühende Magma empor und wird aus dem Krater hoch geschleudert. Die erste Entladung ist sehr heftig. Es folgen dann eine Reihe weiterer Schübe, die mit der Zeit immer schwächer werden. Der Vulkanausbruch kann als Bild für die aus dem Trauernden herausbrechende Wut genommen werden. Der Trauernde fühlt sich vom Verstorbenen im Stich gelassen, er ist deshalb wütend auf die vermeintliche Ursache des Todes (die Krankheit oder den Unfall-Verursacher) oder das Schicksal allgemein, wenn er religiös ist manchmal auch auf Gott. Für die Trauerbegleitung ist wichtig, die anbrandende Wut, wie sie für den Trauernden selbst zunächst unkontrollierbar hervorbricht, nicht allzu ernst und schon garnicht persönlich zu nehmen. Wütende Worte dürfen nicht auf die Goldwaage gelegt werden. Sie haben ihr Gewicht nur im Moment der Entladung. Wenn die Wut verraucht ist, können sich auch die wütende Worte in Luft auflösen und mit dem Rauch verschwinden. Ist ein Vulkanausbruch vorüber, erkaltet die Lava und eine neue Erdschicht entsteht. Auch nach einem Wutausbruch verändert sich etwas im Trauernden. Es gibt eine neue Ebene, auf der sich der trauernde Mensch mit sich selbst und seinem Verlust auseinandersetzten kann.

Die Begleitung während der Phase des Suchens, Findens, Trennens
Diese Phase ist durch die intensive Suche des Trauernden nach dem Verstorbenen gekennzeichnet. Zunächst erfolgt die Suche in der äußeren Welt. Der Trauernde sucht die Orte auf, an denen er sich dem geliebten Menschen besonders nahe fühlte. Die äußere Suche setzt im Inneren des Trauernden einen Erinnerungsprozess in Gang. Der Trauernde vergegenwärtigt sich wichtige Momente in der Begegnung mit dem Verstorbenen. Er findet durch diese Erinnerungsarbeit den geliebten Menschen quasi neu, jetzt allerdings nicht mehr in der äußeren Realität,

sondern in seinem inneren Seelenraum. Erinnerungen sind ein sicherer Ort für den Verstorbenen. Hier finden wir ihn immer wieder und hier können wir ihn selbst aufsuchen. Die mit dem Verstorbenen einmal gelebte Wirklichkeit, ist eine nicht aufzulösende Wirklichkeit. Diese Realität ist einmal in die Welt getreten und hat im Gedächtnis des Universums Spuren hinterlassen – nicht zuletzt in den Gedächtnissen der Hinterbliebenen. Dies bleibt als Wirklichkeit gesichert – gewissermaßen in alle Ewigkeit. Dieser Gedanken könnte auch skeptische oder areligiöse Menschen zumindest ahnen lasen, dass es mehr geben könnte, dass mit dem Tod nicht „alles aus" ist.

Trauernde können so in dem Satz von Novalis Trost finden: „ Erinnerung ist das Paradies, aus dem wir nicht vertrieben werden können." Der Trauernde kann nicht für immer in dieser Erinnerung an den Verstorbenen bleiben. Jede noch so tröstliche Erinnerung, muss auch wieder verlassen werden. Und jedes Beenden einer Erinnerung ist wie ein erneuter kleiner Tod, und macht bewusst, dass das eben Erlebte vergangen ist und dass es mit dem Verstorbenen nie mehr real so erlebt werden kann. Deshalb sind Erinnerungen auch Erinnerung an die Realität des Todes und damit schmerzlich. Sie führen den Trauernden auch in dieser Phase wie in den vorangegangenen Phasen immer wieder in Zustände tiefer Verzweiflung und Verlassenheit, in denen der Trauernde das Gefühl hat, dass sein Leben nie wieder so sein wird, wie zuvor, dass es auch nie wieder wirklich lebenswert sein wird und der Gedanke an den eigenen Tod als einziger Ausweg kann konkrete Gestalt annehmen. Diese Phase des Suchens und Sichtrennens kann Monate bis Jahre dauern. Für Freunde und Angehörige, aber auch professionelle Helfer, besteht die

Herausforderung vor allem darin, diesen Prozess mit seinen unendlichen Wiederholungen auszuhalten. Es kann für den Begleiter sehr beschwerlich sein, immer dieselben Geschichten über den Verstorbenen zu hören, und dennoch wird bei jeder Erinnerungsschleife die der Trauernde dreht, der Verstorbene ein wenig mehr verinnerlicht, so dass dadurch sein Verlust in der äußeren Realität etwas mehr angenommen werden kann. Wenn sich Trauernde diesem schmerzlichen Prozess des Gewahrwerdens des unwiederbringlichen Verlustes des Verstorbenen verschließen, so besteht die Gefahr, dass sie an dieser Stelle im Trauerprozess „feststecken" und nur noch rückwärts gerichtet an der Vergangenheit festhalten. Es gelingt ihnen dann auch nach Jahren nicht, sich wieder für ihr eigenes gegenwärtiges Leben zu öffnen und sie können sich auch nicht den Möglichkeiten und Herausforderungen der Zukunft stellen. Hier ist oftmals psychotherapeutische Hilfe erforderlich, um den ins Stocken geratenen Trauerprozess wieder in Fluss zu bringen, damit der Trauernde seinen Trauerprozess mit der letzten Phase des neuen Selbst- und Weltbezugs heilsam abschließen kann.

Ablösung aus der Trauer, die Phase des neuen Selbst- & Weltbezugs

Voraussetzung für einen guten Abschluss des Trauerprozesses ist es, dass der Verstorbene im Verlauf der vorherigen Phasen für den Trauernden eine „innere Figur" geworden ist. Damit ist gemeint, dass der Trauernden den Verstorbenen jetzt als einen „inneren Begleiter" erleben kann, mit dem er sich beraten und auseinandersetzten kann und der sich mit der Zeit auch wandeln darf. Weiterhin eröffnet der Verstorbene als „innere Figur" dem Trauernden die Möglichkeit, dass vieles, was zuvor in der Beziehung zum Verstorbenen gelebt wurde, nun seine eigenen Möglichkeiten geworden sind. Er kann damit auch neue Rollen übernehmen, die das Leben jetzt von ihm verlangt. Je mehr er neue Eigenschaften bei sich entdeckt, die vielleicht früher der geliebte Mensch verkörpert hat, umso eher gewinnt der Trauernde wieder sein Selbstvertrauen und seine Selbstachtung zurück. Der Trauernde wird dadurch fähig, sein verändertes Leben selbst bestimmt zu gestalten und sich neuen Aufgaben und Herausforderungen zu stellen. Er wird auch zunehmend fähig und bereit, sich auf neue Beziehungen zu anderen Menschen einzulassen. In dieser Phase kann sich der Trauernde auch schrittweise von den Menschen lösen, die ihn in seiner Trauer begleitet haben. Er kann professionelle Helfer und Trauerbegleiter zunehmend entbehren. Wenn es in dieser Phase zu Schwierigkeiten kommt, so liegt dies meistens nicht im Trauernden selbst begründet. Für die Helfer bedeutet das Erreichen dieser Phase der Trauerbewältigung, dass sie ihre Aufgabe erfüllt haben und nun den Trauernden ihrerseits in sein neues Leben entlassen müssen, was manchmal nicht ganz leicht fällt. So können die Begleiter plötzlich zu Hemmenden werden, wenn sie diese neue Selbstständigkeit und die Veränderung des Trauernden nicht akzeptieren, diesen vielleicht nur allzu gern in seiner hilflosen Situation stabilisieren wollen, um ihrerseits die großen Helfer bleiben zu können.

Es gehört zu einem gelungenen Trauerprozess, dass der Trauernde sich verändert und dem gemäß natürlich auch neue Beziehungen eingeht. Gerade in Bezug auf die Abschlussphase der Trauerbegleitung ist es sehr hilfreich, wenn der Begleiter von Anfang an, immer wieder mal darauf hinweist, dass es das Ziel der

Begleitung ist, den Trauernden in seiner Trauer beizustehen, aber dass der Tag kommen wird, an dem der Trauernde seine Trauer überwunden haben wird und dann auch die Ablösung aus der Begleitung anstehen wird, weil der Trauernde die Begleitung durch den professionellen Helfer dann entbehren kann. Auf diese Weise kann man dem Gefühl des Trauernden vorbeugen, er dürfe aus lauter Dankbarkeit und Rücksichtnahme auf seinen Trauerbegleiter, nicht den Wunsch entwickeln, auch wieder ohne professionelle Hilfe sein Leben selbst in die Hand zu nehmen. So muss auch für die Trauerbegleitung wie für jede andere Form der professionellen Beratung oder Psychotherapie das Ziel sein, Hilfe zur Selbsthilfe zu geben.

Wir haben die einzelnen Etappen und Wegstationen des Trauerprozesses genauer untersucht und uns dabei die Frage gestellt, was brauchen Trauernde, um diesen schwierigen Weg durch die Trauer meistern zu können und wie können Angehörige und professionelle Helfer den Trauernden dabei begleiten und unterstützen. Trauerarbeit ist zu einem großen Teil Erinnerungsarbeit, bei der der Trauernde sich immer mehr und intensiver Erinnerungen „erarbeitet", die zu einem tiefen, inneren Wandlungs- und Entwicklungsprozess führt. Durch den Tod des geliebten Menschen hat sich das Leben des Trauernden unwiederbringlich gewandelt. Gelingt es diesem Menschen jedoch, sich auf den heilsamen Weg der Trauerverarbeitung einzulassen, so durchlebt er einen inneren Reifungsprozess der seine innere Erfahrungswelt zunehmend reicher macht.

2.5 Trauer-Gedichte

„Trösten kann, wer ..."

„Trösten kann, wer selbst Trost gefunden hat in seinem
Leiden, nicht an einem besonderen Schicksal vielleicht,
sondern am Dasein überhaupt,   wie es ist und wie es in
seiner Gänze ist.
Trösten kann, wer dabei das Dasein in seiner Gänze
umfangen gesehen hat von einer großen, ernsten und
strengen Liebe, die hinter allem Schicksal am Werk ist.
Trösten kann nicht, wer irgend etwas besser weiß,
sondern der weiß, dass es nichts gibt, das besser zu
wissen wäre, und der sich dem anvertraut, den er hinter
dem Schicksal glaubt.
Trost ist auch nichts, was einmal ausgesprochen, für alle
Zeiten gelten will. Trost ist eine Insel in einem Meer der
Verzweiflung. Eine Insel im Meer der Zeit. Es ist ein
Augenblick, indem ein Mensch Boden unter den Füßen
empfindet, ehe das Wasser ihn wieder zu verschlingen
droht. Trost ist, dass es solche Inseln gibt. Worte und
Zeichen wie Inseln." (Jörg Zink)

„Eines Tages..."

Wir werden eines Tages wissen und verstehen,
dass der Tod uns nie das rauben kann,
was wir selbst in uns, in unserer Seele gewonnen haben,
denn ihr Gewinn ist eins mit ihr selbst, bleibt in uns,
ist unzertrennbar, wir - verbunden mit allem.
(Linus Botha)

73

„Wenn wir..."

Wenn wir es schaffen, den Tod zu akzeptieren und uns
dadurch dem Leben zu öffnen, können wir unser Dasein
ganz anders genießen, wir können unser Leben in
Bewusstheit leben.
(Doris Iding „Der Tod geht um die Welt")

„Nicht vorüber"

Was vorüber ist, ist nicht vorüber. Es wächst weiter in
deinen Zellen ein Baum aus Tränen oder vergangenem
Glück.
(Rose Ausländer)

„Trauer heißt"

Trauer heißt:
Den eigenen Schmerz annehmen, dem eigenen
Schmerz Raum geben, ihm Zeit geben, ihn wahrnehmen,
ihn annehmen. Dieser Schmerz, er wird vergehen. Nicht
heute und nicht morgen, irgendwann.
Er hat seinen eigenen Weg, seine eigene Zeit.
Dieser Weg heißt Hoffnung, Geduld, Zuversicht,
erinnernde Liebe. Den unendlichen Raum der Stille zu
öffnen, hinein zu fühlen, hinein zu lauschen. Es lohnt sich
ihn zu gehen, immer weiter.
(Linus Botha)

„Du bist fort..."

Du bist fort, noch immer kommt in mir der Schmerz,
Dich verloren zu haben. Noch immer überkommt mich die
Schwere in meinem Brustkorb, sie brennt in mir.
Noch immer denke ich an Dich, Höre Deine Stimme, als
wärst Du da. Bist Du nicht da? In Augenblicken zum
Greifen nah? Doch unerreichbar fern zugleich bist Du.
Bist Du nicht da, wo wir alle sein werden? Hast Du nicht
schon einen Teil von mir mit zu Dir hinübergenommen?
Kommen nicht von dort die Tränen, wenn ich an Dich
denke? Wenn Erinnerungen, Farben und Gerüche sich
mit Dir verbinden? Dort wo die Stille hörbar wird, spüre
ich Dich, Deine Gegenwart. Höre Deine Stimme, klar wie
aus Glas. Fühl ich Deine Seele, wie einen warmen
schweren Mantel an meinen Schultern.
Die sanfte Dunkelheit hält Dich in ihren Armen.
Sie tröstet mich und wärmt und lindert meinen Schmerz.
Weil Du noch immer da bist, noch immer bei mir bist.
Weil Du von Zeit zu Zeit noch meine Hand hältst.
So schimmert aus der Trauer und dem Schmerz,
manchmal sternengleich leuchtend, erinnernde Liebe.
Sie ist der Schlüssel zu der Tür zu Dir. Aus ihr ist das
Band aus goldenem Licht in der Ewigkeit.
(Linus Botha)

Wie nur ?

Wie nur, die richtigen Worte finden, für das
Unaussprechliche, das Unvergessliche, das
Unauslöschliche, das Unaushaltbare?

Wie nur, Hoffnung und Zuversicht finden, nach dem Leid,
dem Verlust, dem Schmerz, dem Tod?

Wie nur wieder Leichtigkeit verspüren, wieder Lachen
nach dem Krieg, der Gewalt an meinem Nächsten,
meinen Schwestern und Brüdern, an den Tieren, an
Mutter Natur?

Wie nur die Wahrheit und Wahrhaftigkeit, die
Gerechtigkeit fühlen und für sie einstehen?

Wie nur den Weg zur Liebe, zum Frieden, zur neuen
Heimat im Außen und in uns, den Weg zu Gott finden?

Wie nur den eigenen Ursprung, zum Anfang, zum Ende
der Zeit, zur Ewigkeit finden?

Durch mein Herz, durch meine Freiheit, meinen Willen,
durch mein Bewusstsein, durch meinen Entschluss,

durch mein Tun, durch mein Lassen, durch mein Wort,
durch mich

durch Dich

durch uns

in mir

in uns

(Linus Botha)

Gott in mir?

Gott, ist das Dein Name? Gibt es Dich? Wo bist Du? Bist Du hier?

Ich komme von Dir - gehe zu Dir, Alles ist von Dir - wird zu Dir, Alles ist in Dir - Du bist in Allem.

Ich glaube, denke, fühle, sehne, spüre, suche, Dich, Ich will Dich, will für Dich tun, will zu Dir, Ich will Dich in mir - im Du erkennen.

Ich komme zu Dir mit all meinem Sein, mit meiner Freude, meiner Liebe, meiner Stärke, meiner Wahrheit, meinem Licht.

Ich komme auch zu Dir mit meinen Zweifeln, Ängsten, Verleugnungen, mit meinem Verrat an mir - an Dir, mit meinem Hass, meinen Schwächen, mit meiner Sprachlosigkeit, meiner Schuld mit meinen Wunden, meinem Tod.

Ich hoffe, wünsche, will zu Dir, Will in Deinem Frieden, Deiner Liebe sein.

Du wirst zum Ich, Ich werde Du,

Du bist in mir, Ich bin in Dir,

Ich bin

Du.

(Linus Botha)

2.6 Personenzentrierte Gesprächsführung

Die personenzentrierte Gesprächsführung dient als Hintergrund für eine hilfreiche Haltung des Begleiters / Helfers und wurde von dem Psychotherapeuten Carl Rogers entwickelt. Diese Methode wird meist auf mittel- und langfristige Begleitungen angewendet und ist somit für die akute kurzfristige Hilfe zu differenziert und komplex. Im Folgenden werden notwendige und hinreichende Bedingungen für eine "konstruktive Änderung und Hilfe" von Klienten/innen nach der Personen- oder Klientenzentrierten Gesprächsführung nach Carl Rogers vereinfacht dargestellt:

1. Echtheit- Kongruenz

Definition:
Der Berater ist er selbst, ohne sich hinter einer Fassade oder Maske zu verbergen, Sie besagt, daß der Berater sich dessen, was er erlebt, deutlich gewahr wird und dass ihm diese Empfindungen verfügbar sind, so daß er sie dem Klienten mitzuteilen vermag, wenn es angemessen ist.Der Berater ist spontan in der Interaktion, er gibt freien Einblick in sein Erleben. Das Gespräch wird auf diese Weise zu einer **wechselseitigen partnerschaftlichen Interaktion**.

Bedeutung:

- Betroffene fasst schneller Vertrauen.

- Betroffene wird angeregt, auch in seinem Verhalten offener und echter zu sein.

2. Positive Wertschätzung

Definition:
Der Betroffene wird von dem Berater akzeptiert und angenommen, unabhängig davon, was der Betroffene äußert oder wie er sich gibt. Der Berater muß aber nicht allem zustimmen, doch muß der Betroffene spüren, das eine Meinungsverschiedenheit die Beziehung nicht beeinträchtigt. Der Betroffene erfährt anhand von Stimme, Mimik, Gestik und Körperhaltung, daß der Berater ihm eine **nicht an Bedingungen gebundene Wertschätzung** und Anteilnahme entgegenbringt.

Bedeutung:

- Grundbedürfnis des Menschen, akzeptiert und anerkannt zu werden, wird befriedigt (gerade wichtig für Menschen in schwierigen Situationen, die dieses Grundbedürfnis am ehesten entbehren mußten).

- Der Betroffene wird dadurch selbst zu einer höheren Selbstachtung gelangen.

- Angst- und Verteidigungsverhalten werden abgebaut.

3. Einfühlendes Verstehen

WICHTIG hierbei als Grundlage:

Das „richtige" Zuhören 2 Kommunikationskanäle:
akustisch   (Inhalte)
visuell   (Haltung, Mimik, hin- und herrutschen...)
Auf beide Kanäle muß geachtet werden. Außerdem sollte man nicht zeitweilig innerlich abschalten. Nur wenn der Berater dem Betroffenen wirklich zuhört und ihn nicht gleich mit Interpretationen unterbricht, wird er so das ganze momentane emotionale Empfinden aufnehmen können und den Betroffenen aus seinem Bezugsrahmen verstehen lernen!

Definition:
Der Berater versucht sich in das Erleben des anderen einzufühlen. Er bemüht sich, die Gefühle des Betroffenen zu verstehen und dem Betroffene dies möglichst präzise und konkret wiederzugeben. Empfindungen des Klienten, die er selbst vielleicht nur andeutet und nicht in Worte fassen kann, zu konkretisieren und zu verbalisieren;

Beispiel für Verbalisierung, Konkretisierung der Gefühle des Klienten:
Klient: *"...Ich meine, wenn ich zur Arbeit gehe, habe ich das Gefühl, hm, daß ich versagen werde. Es ist schrecklich, aber was ich auch tue - also - habe ich das Gefühl, daß ich versagen werde..."*
Berater: *"Es kommt Ihnen so vor, als wären Sie schon geschlagen, bevor Sie anfangen, Dieses Gefühl lähmt Sie....?"* (fast fragend formuliert, um dem Betroffenen die Interpretation überlassen zu können, denn nur der Betroffene weiß, ob dies auf ihn zutrifft oder nicht)

"Verbalisierung" in genauer Form aller wesentlichen vom Betroffenen geäußerten persönlich, emotionalen Inhalte des Erlebens durch den Berater. **Wichtig** dabei ist, daß der Berater seine **Äußerungen nie als Feststellung** ausspricht, sondern - fast fragend - als Angebot, um den Klienten zu verstehen! (siehe oben)

Bedeutung:

- Der Betroffene erfährt keine Belehrung, kann so ohne Abwehr über seine Gefühle und Konflikte sprechen

- Obwohl der Berater <u>keine</u> Ratschläge verteilt, ist er dem Betroffenen aktiv zugewandt.

- Der Berater kann den Betroffenen über ein wirkliches Verstehen auch viel eher akzeptieren

4. Kritische Reflexion nicht adäquater, nicht angemessener Verhaltensweisen (des Beraters)

Definition
Im Rahmen der Klienten- / Personenzentrierten Gesprächsführung sind folgende Verhaltensweisen **inadäquat**:

Fall als Beispiel:
Mann beklagt sich darüber, daß er in Gesellschaft sich nie an Gesprächen beteiligen kann und schüchtern sei.

- **Bagatellisieren**
  "Das würde ich als nicht so schlimm ansehen, ..."
  Gefühle des Betroffenen werden heruntergespielt; er fühlt sich als nicht verstanden, sein Gefühle und Ängste sind nicht wichtig genug und fast lächerlich.

- **Diagnostizieren**
  "Sie neigen zur Introversion und haben Minderwertigkeitskomplexe..."
  Der Berater übernimmt gleich die Rolle des Fachmanns / Fachfrau, so kann keine partnerschaftliche Beziehung entstehen

- **Dirigieren**
  "Ich schlage vor, daß Sie..."
  Der Berater bietet eine Lösung, der Betroffene gerät in eine Passivrolle, entweder er befolgt den Rat und bei der nächsten Situation ist er wieder auf einen "guten Rat" angewiesen, oder er befolgt die Anweisungen nicht und hat evtl. Schuldgefühle oder Versagens-ängste

- **Examinieren**
  "Ist das immer so? Auch im privaten Bereich? Sagen

Sie da auch nie was? Wenn Sie mal richtig
nachdenken, wie ist das?"
Gefahr hierbei, der Betroffene fühlt sich ausgefragt.
Sie lenkt zudem das Gespräch in ihre gedachte
Richtung, der Klient bleibt außen vor.

- **Sich identifizieren**
  "Das kenne ich gut, ich weiß das noch genau, bei mir
  war das so........ich habe dann einfach folgendes
  gemacht."
  Wenn für den Betroffenen dies momentan auch
  wohltuend sein mag, so besteht die Gefahr, das
  Gefühle und Lösungsstrategien von sich auf den
  Betroffenen übertragen werden. Eigene Erfahrung
  sind hilfreich, aber sollten nicht projiziert werden.

- **Interpretieren**
  "In Wirklichkeit gefallen Sie sich in dieser Roller doch
  sehr gut, der Stille."
  Die Gefahr besteht, daß man nicht auf den
  Betroffenen zutreffende Dinge interpretiert. Der
  Betroffene weiß mit diesen Interpretation nichts
  anzufangen und fühlt sich (mit Recht)
  mißverstanden.

- **Intellektualisieren**
  "Das liegt daran, daß Sie als Kind schon nicht
  gelernt haben, sich in Gruppen zu behaupten..."
  Die Beraterin erklärt dem Betroffenen die Ursache
  des Problems. Oft kennt der Betroffene die Gründe
  seines Verhaltens, kann das Verhalten aber
  deswegen noch lange nicht ändern. Viele Probleme
  sind emotional bedingt, lassen sich intellektuell nicht
  lösen.

Beispiel für eine adäquate Lösung im Sinn der Klientenzentrierten Gesprächsführung:

Schon seit Wochen will ich ihr sagen, daß ich sie mag. So oft denke ich daran, aber irgendwie mach ich in letzter Sekunde immer wieder einen Rückzieher.

Beispiel für inadequate Lösung (Diagnostizieren und bagatellisieren):
"Du bist ein melancholischer Typ, die finden nie so leicht Kontakt, mach Dir nichts daraus."

Lösung im Sinn der Klientenzentrierten Gesprächsführung:

"Einerseits hast du Angst, verletzt zu werden, andererseits ärgert dich dieses Zögern."

"Verbalisierung" und Anknüpfen an die Gefühle und Probleme des Betroffenen. Der Berater stützt sich auf die Informationen des Betroffenen, verbalisiert sie, zeigt dem Betroffenen so seine Gefühle auf, konkretisiert sie, gibt keine Ratschläge, versteht den Betroffenen und kann sich in seine Situation "hineinfühlen". Der Betroffene kommt im optimalen Fall zu einer eigenen Strategie. Der Betroffene ist in Folgesituationen nicht länger hilflos und kann evtl. sogar neue, eigene Handlungsstrategien entwickeln.

5. Selbstexploration des Betroffenen (wichtiges Ziel)

Durch die vorgenannten Bedingungen kommt der Betroffene zur Selbstexploration. Das heißt, daß der Betroffene über seine emotionalen Erlebnisse spricht, über seine gefühlsmäßigen Einstellungen, Bewertungen, Wünsche und Ziele und daß er sich über sie klarer wird.

Durch die Verbalisierung und Zuwendung zu den Gefühlen durch den Berater, beschäftigt sich als Folge auch der Betroffene zunehmend mit seinen Gefühlen. **Die empirischen Befunde sprechen eindeutig für einen Zusammenhang zwischen den Bedingungen für eine konstruktive Änderung des Betroffenen (1 bis 4) und der Selbstexploration.**

Die Selbstexploration ist in Stufen gegliedert. Hier die optimalste Stufe der Selbstexploration als Beispiel (gleichzeitig auch als **Bedeutung** anzusehen):

Der Betroffene schildert ausführlich seine spezifisch persönlichen inneren Erlebnisse. Es wird deutlich, daß er neue Aspekte und Zusammenhänge in seinen inneren Erleben findet.

85

6. Anwendung eines allgemeinen Problemlöseschemas

1. **Allgemeine Orientierung** (Erörterung des Situation)

2. **Problemformulierung** und Definition
   2.1. Elemente der problematischen Situation **erkennen, konkretisieren und operationalisieren** (in eine überprüfbare, nachvollziehbare Handlung oder Verhaltensbeschreibung übersetzen)
   2.2. Teilschritte festlegen

3. **Entwicklung von Alternativen**
   3.1. Verinnerlichte, vorzeitige Bewertung von Informationen und Lösungsalternativen abzubauen ("Das hilft ja sowieso nichts...")
   3.2. Sich mit einer Vielzahl von Lösungsalternativen auseinandersetzen
   3.3. Diese Alternativen zu **konkretisieren und operationalisieren**

4. **Entscheidung**
   4.1. Mutmaßliche Konsequenzen der Lösungen identifizieren
   4.2. **Konsequenzen abwägen**

5. **Verfikation**
   5.1. Schwierigkeiten reflektieren, die den Betroffenen an der Verwirklichung hindern könnten
   5.2. Handlungsergebnisse mit den angestrebten Zeilen vergleichen, ggf. neue entwickeln
   5.3. ggf. psychische / verhaltensbezogene Beeinträchtigungen erkennen und beseitigen

Dieses Schema kann und muß selbstverständlich jeweils modifiziert werden und kann nicht allen Situation als Lösung dienen. Es eignet sich jedoch als Leitfaden und ersten Ansatzpunkt für eine **erfolgreiche personen-klienten-zentrierte Gesprächsführung**.

2.7 Das Mäeutische Kurzgespräch

Formal umfasst das mäeutische Kurzgespräch nach Timm Lohse alle Gespräche, die „einmalig" gedacht sind, vom Ansatz her, egal ob sie sich zufällig ergeben, verabredet wurden, zum beruflichen Setting gehören, z.B. Kranken-, Gefangenen-, Telefonseelsorge etc.. Dazu zählen auch Gespräche, im Rahmen einer längeren Beratungssequenz, Kasualgesprächen, oder anderen Anlässen, wie Geburtstagsbesuchen, sich wiederholenden Seelsorgegesprächen. Die Art des offenen Fragens kann jedoch jeder üben, beherzigen und praktizieren. Geschlossene Fragen, Ja-Nein-Fragen, oder Warum-Fragen bringen keinen Fortschritt in der eigenen Lösungsfindung. Es soll auf gleicher Höhe geführt werden, auf „eye-level", gleicher Augenhöhe, „Ich-zu-Ich-Level. Inhaltlich meint der Begriff „Mäeutisch" eine zukunftsorientierte Kurzberatung, die die ratsuchende Person in kurzer Zeit auf den bündigen Punkt bringt, die eben kurz und bündig ist. Gelegenheiten für ein zukunftsorientiertes Kurzgespräch bieten sich im Alltag zu jeder Zeit und an allen Ecken und Kanten des Lebens. Es gilt für die beratende Person, diese Gelegenheiten als für ein zukunftsorientiertes Kurzgespräch günstige zu erkennen und sie zu nutzen. Die beratende Person, welche für diese Art der Alltagsseelsorge bereit ist, ergibt sich aus ihrer Fähigkeit, auf die sich bietenden Gelegenheiten angemessen einzugehen - so die Grundhaltung. Es gilt, sich Maßstäbe für die eigene Lösungskompetenz und „Qualifizierung" der Situation anzueignen und Anleitungen für konkrete Verbalisierungen und praktische Verhaltensweisen zu geben. Ein erster Ansatzpunkt liegt in einer einleuchtenden Erkenntnis: Die pastoralpsycholgischen und beraterischen Methoden gehen letztlich von einem therapeutischen, unterstützenden Ansatz aus und sie setzen meist einen Beratungsprozess mit einer Gesprächsfolge voraus. Das hat seine Richtigkeit und seine Wirkung. Dennoch läuft diesen Ansätzen die Gegebenheit der "Einmaligkeit" des Kurzgesprächs zuwider. In einer einmaligen, oft auch kurzen Gesprächssituation, lässt sich wenn überhaupt, weder Widerstand noch Übertragung befriedigend bearbeiten. Auch ist es nicht die erklärte Absicht der anfragenden Person, psychologisch, beraterisch oder therapeutisch "behandelt" zu werden. Sie sucht und will ein Gegenüber, um über die Aussprache zu sich selbst zu finden. Das Element der Zukunftsorientierung, der "Hoffnung" ist ein weiterer Ansatzpunkt. Jede anfragende Person hofft, über ein seelsorgliches Gespräch im Alltag in ihrem Glauben an das Leben, an ein wieder befreites Leben bestärkt zu werden. Timm Lohse hat aus diesen Ansätzen eine Methodik der Alltagsseelsorge entwickelt, die sich von der Würdigung des Problems oder Konflikts abwendet - mit all dem, was diese Würdigung impliziert: wie Konflikttheorien oder Problemdiagnosen. Stattdessen kümmert sich zukunftsorientierte Alltagsseelsorge konsequent um die Würdigung des Lebens und setzt alles daran, dass der fragende, rat- und hilfesuchende Mensch zu der ihm (von Gott / Vernunft) gegebenen potentiellen Komplexität zurückfindet. Das ist eine Kehrtwendung um 180 Grad, bildlich gesprochen, hinsichtlich der Gesprächsführung und -haltung. Deshalb erfordert es - jedenfalls für die Dauer des Vollzugs eines Kurzgesprächs - den radikalen Abschied von psychologischer oder psychotherapeutischer Gesprächsführung und -haltung. Die zukunftsorientierten Seelsorge setzt sich also grundsätzlich von psychologischen, therapeutischen und seelsorglichen Beratungsgesprächen ab und unterscheidet sich in ihrer Gesprächsmethodik Theoriekonzepten. Diese nehmen methodisch in den Fokus, das Defizitäre, Kranke, Gestörte, sie diagnostizieren, um es dann zu therapieren und zu heilen.

Zielsetzung zukunftsorientierter Kurzberatung

In einer symmetrisch solidarischen Begegnung sucht und findet die zukunftsorientierte Kurzberatung ihren Ansatz im Sichberaten zweier gleichwertiger Menschen auf Augenhöhe. Bei dieser Begegnung soll sorgsam darauf geachtet werden, dass ein asymmetrisches Beziehungsgefälle wie etwa zwischen Arzt - Patientin oder Lehrerin - Schüler im Ansatz schon vermieden wird. Denn wenn Menschen sich mit ihren Alltagssorgen oder in ihren Beziehungskonflikten oder auch aus ihren Lebensängsten heraus an einen anderen Menschen wenden, um sich auszusprechen oder einfach seine Meinung oder seinen Rat zu hören, bieten sie zwar auf der Schiene "inkompetent - kompetent" ein asymmetrisches Beziehungsmuster an, möchten aber deshalb weder entmündigt noch einer "Kolonialisierung menschlichen Denkens durch vorgefertigte, therapeutische Theorien" anheim fallen. Sie möchten sich vielmehr beraten, und zwar mit jemandem, dem sie sich auf Augenhöhe gleichwertig anvertrauen können, bei dem sie spüren und erfahren, dass sie es mit einem Menschen zu tun haben, der sie nicht mit den Herrschaftsinstrumenten seines theoretischen Wissens „seziert" und auseinander nimmt. In der zukunftsorientierten Alltagsseelsorge begegnen sich zwei Menschen entsprechend ihrer individuellen einzigartigen Begabungen, Fähigkeiten und Ressourcen:

- sie stellen sich Fragen und suchen Antworten;

- sie versuchen, sich zu verstehen und erkennen Unterschiede;

- sie geraten an Grenzen und Ausweglosigkeiten.

- Sie erleben den Reiz kreativer Lösungen.

Sich zukunftsorientiert zu beraten bedeutet, die aufgetretenen und auftretenden Fragen, Probleme, Hindernisse und Ausweglosigkeiten so zu behandeln, dass nach mentalen, verbalen und aktionalen Möglichkeiten gesucht wird, diese zu überwinden, indem die ratsuchende Person zu sich findet, zu ihren Gaben, zu ihren Fähigkeiten und zu ihren Ressourcen.

Dialogisch-kybernetisches Vorgehen

Der von der anfragenden Person zum "Sichberaten" eingeladenen oder aufgeforderten Person stehen besondere dialogische Vorgehensweisen zur Verfügung, um dieses Gespräch zu „steuer"n. Diese kybernetische, also steuernde Funktion wird der angefragten von der anfragenden Person stillschweigend oder auch ausdrücklich zugestanden. Ratsuchende verbinden mit dem Auftrag: "Berate dich mit mir!" zugleich das Mandat, aus dem steuerlosen Treiben bzw. der festgefahrenen Situation befreit zu werden. Die dialogische „Steuermannskunst" der zukunftsorientierten Kurzberatung will der anfragenden Person im dialogischen Prozess dazu verhelfen, sich ihrer personalen Wirklichkeit und Wirksamkeit bewusst zu werden und entsprechend zu organisieren. Der ratsuchenden Person wird dieses Können unter der Bedingung zur Verfügung gestellt, dass diese selbst

"Kapitän" ist und bleibt; nur so kann gewährleistet werden, dass sie nicht als "heteronomes Mängelwesen" ihrer einzigartigen Würde beraubt und nach den Vorstellungen eines anderen Menschen gebildet wird und im schlimmsten manipuliert wird.

Methoden der strategischen Gesprächsführung

Kommunikativer Anschluss auf der Oberflächenstruktur der Sprache

Jede sprachliche Interaktion zweier Personen wirkt wechselseitig als "Störung". Da beide im geschlossenen System strukturell verkoppelt sind, entstehen daraus Strukturänderungen, die sich in ihrer Bedeutung und Konsequenz grundsätzlich nicht vorab definieren oder voraussagen lassen; vielmehr konstruieren beide in der interaktiven Sprachkopplung eine nur ihnen gemeinsame "Weltwirklichkeit". Das Andocken vollzieht sich im System zweier Personen im kommunikativen Anschluss auf verbaler, nonverbaler und paraverbaler Ebene. Über den wechselseitigen kommunikativen Anschluss kommt es zu einer „Drift" hinsichtlich der Wirklichkeitskonstruktion im geschlossenen System der beiden Personen.

Das Einsetzen eines Schlüsselwortes als "Sesam, öffne dich!"

Auf der Oberfläche der Sprache verweisen bestimmte Merkmale auf das Tiefenerleben, das sich ausdrücken möchte. Deshalb ist es hilfreich, die persönlich geprägten Merkmale der Oberflächenstruktur der ratsuchenden Person zu erkennen und diese als Zugang zu ihrer Tiefenstruktur zu nutzen und zu unterstützen. Das Schlüsselwort stammt aus dem sprachlichen Ausdruck der ratsuchenden Person und wird, wenn es fachkundig eingesetzt wird, der ratsuchenden Person Zugang zu ihrer potentiellen Komplexität ihrer Tiefenstruktur ermöglichen.

Die kybernetische Kunst des mäeutischen Fragens

Die Überwindung der Asymmetrie hin zur symmetrisch-solidarischen Beziehungsachse

Mit Hilfe der mäeutischen Fragekunst kann die ratsuchende Person angeregt werden, ins Nachdenken über sich selbst zu kommen, sich gewissermaßen selbst zu erkunden. Ein asymmetrisches Beziehungsmuster wird zwischen der ratsuchenden und der beratenden Person mit dem Beginn des Kurzgesprächs auf zwei Ebenen augenblicklich etabliert: Die ratsuchende Person ist DOWN - die beratende Person UP. Die ratsuchende Person ist IN - die beratenden Person ist OUT. Die Grundhaltung der beratenden Person orientiert sich an dem Ziel, sobald wie möglich auf einer symmetrisch-solidarischen Beziehungsachse zu kommunizieren. Deshalb ist es notwendig, sich Interventionsstrategien zu eigen zu machen, mit deren Hilfe Zug um Zug der unwürdigen Schieflage zwischen der ratsuchenden und der beratenden Person gewehrt und gleichwertige Solidarität im Hier und Jetzt praktiziert wird.

Die zukunftsorientierte Vorgehensweise

Die implizit im Beratungsmandat geäußerten Zielvorstellungen der ratsuchenden Person gilt es zu erkennen und diese für die ratsuchende Person machbar zu formen; dabei sind bisher vernachlässigte oder nicht genutzte Kraftquellen zu erschließen, wertzuschätzen und nutzbar zumachen.

Die metaphorisch-narrative Vorgehensweise

Über funktionale analoge Impulse können neue Verstehensräume anders und meist schneller erfasst und begriffen werden. Bilder, Metaphern, Geschichten befreien aus kleinteiliger Zwangsgrübelei und erwirken intuitiv symbolische Lösungen.

Das heißt praktisch

- Im Alltag sucht das zukunftsorientierte Kurzgespräch die Lebensthemen aufzuschlüsseln, die den Gesprächspartner im Augenblick bewegen.

- Das Kurzgespräch arbeitet in der Alltags-seelsorge an einer Klärung der damit verbundenen Ziele des Ratsuchenden und hilft ihm, die nötigen Ressourcen zu erschließen, um diese Ziele zu erreichen.

- Es strebt kreative Lösungen an, die sich darin zeigen, dass die Gesprächspartner damit aufhören, immer wieder um ihr Problem zu kreisen, dass sie die alten Lösungswege verlassen, mit denen sie oft genug ihr Problem erst geschaffen haben, dass sie einen Weg sehen, eine Richtung bekommen und konkrete Schritte unternehmen, um das eigene Leben wieder selbst in die Hand zu nehmen und zu gestalten.

- Es schafft Raum für lebensgeschichtliche Themen und versucht, diese mit (biblischen) Geschichten, Bildern, Symbolen und Metaphern, Liedern und Gedichten zu verbinden, die die

Wirklichkeit der anfragenden Person in einem neuen Licht zeigen und ihr Impulse geben können, weil eine kreative Resonanz zwischen ihnen und den Themen des Gesprächspartners entsteht.

Grundhaltungen

Mit diesem zukunftsorientierten Vorgehen verbindet sich eine seelsorgliche Grundhaltung, die bestimmt ist von der Hoffnung auf die neuen Möglichkeiten der Zukunft. Folgende Charakteristika entsprechen dieser Haltung:

- Hoffnung beleben statt Frust ergründen.

- Ressourcen fördern statt Defizite benennen.

- Gesundes stärken statt Krankes bekämpfen.

- Möglichkeiten erkunden statt Befindlichkeiten verbalisieren.

- aufschlüsseln statt deuten.

- orientieren statt problematisieren.

- auf das Gelingen aus sein statt komplizieren.

Mit dieser Haltung finden Seelsorger/innen und Berater/innen in verschiedenen Kontexten ihr Wirkungsfeld: im Gemeindepfarramt wie in Funktionspfarrämtern, in professionellen Beratungsstellen, in der Telefonseelsorge, der Krisenintervention, bei Besuchs- und Begleitungs-Diensten im Krankenhaus, Altenheim wie in der Gemeinde. Durch die skizzierten Grundhaltungen und Methoden entfaltet sich diese systemische Dialoghaltung jedoch vor allem als überzeugende Seelsorgepraxis im Alltag von Kirche und Gesellschaft.

Glaubenstheoretischer Rahmen für die Seelsorge

Es scheint nötig, dass Seelsorger/innen sich einen glaubens-theoretischen Rahmen für ihre Seelsorge erarbeiten. Überzeugend und unmittelbar umsetzbar ist die prozess-theologische Integration der Seelsorge in ein Verständnis der Selbstoffenbarung des dreieinigen Gottes im Wirken der Schöpfung und Erhaltung, Versöhnung und Heiligung der Welt.

Erhaltung der Schöpfung

Wir können Gott als Schöpfer, dem Vater und Grund allen Seins begegnen, der in allen kosmischen Prozessen der Neuschöpfung und Wandlung des Seins als kreativ treibende Kraft präsent ist. Gott kann gegenwärtig erlebt und erfahren werden, so auch in der Entwicklung und Um- und Neugestaltung von Einzelnen oder Paaren, von Mitarbeitergruppen und deren Institutionen. Wir können IHM begegnen, dem Schöpfer allen Seins, auch und vor allem in jedem Menschen als einem mit Leib und Seele, Augen, Ohren und allen Gliedern, Vernunft und allen Sinnen von Gott begabtem Gegenüber, dessen Würde wir zu achten und dessen Sosein wir lieben haben sollen.

Erlösung des Menschen

Wir können dem Gesicht des Versöhners begegnen, in Gottes Sohn, Jesus Christus, der menschgewordenen Liebe Gottes, in allen Prozessen des Leidens an der Entfremdung des Mensch-Seins, der Entstellung und Entwürdigung menschlichen Lebens. Zugleich können wir in diesen Lebens-Leidens-Prozessen erfahren, wie Gottes inkarnierte Liebe sich bedingungslos hingibt und sich – bis zur Selbstaufgabe - des Verlorenen annimmt. Wir begegnen IHM, unserem Bruder in jedem verlorenen und verdammten Menschen, der hungrig, durstig, fremd, nackt, krank und gefangen oder halb tot geschlagen am Rand unseres Lebensweges liegt und auf unsere unmittelbare und bescheidene Zuwendung angewiesen ist, damit er in eine neue Lebenswirklichkeit auferstehen kann. Durch konkrete Hilfe, aktives Handeln, liebevolle Blicke, mitfühlende Worte können wir die Welt zu einem besseren Ort machen, täglich, immer wieder neu.

Heiligung des Alltags

Wir begegnen dem Odem Gottes, diesem Leben schaffenden und heilenden Geist überall, wo der Schrei des Leidens der Schöpfung, das ängstliche Seufzen und Harren der Kreatur laut wird und Gehör zu finden sucht. Wir begegnen IHM, dem Heiligen Geist, wenn ER unserer Schwachheit aufhilft und Gegensätze überwunden werden, - da, wo Verständigung geschieht, wo Getrenntes zur Einheit zusammenwächst. Wir begegnen IHM, dem stärkenden und mutmachenden Heiligen Geist, wenn wir ihn bitten, unserem begrenzten Wissen und Verstand aufzuhelfen und mitten unter uns zu sein, wo wir zu zweit oder dritt versammelt sind, um den Weg in das Gott ebenbildliche Leben zurückzufinden. Als Christen und als Kirche Jesu Christi nehmen wir teil an diesem Heilsprozess Gottes und sind mit IHM unterwegs auf dem Weg zu endzeitlicher Schönheit und versöhnter Harmonie. Dazu gehört das Gedeihen der Schöpfung, die wir als Gottes Kinder hegen und pflegen sollen. Dazu gehören die kleinenBewegungen und großen Wehen, unter denen

Menschen zu ihrem Ich als Geschöpf Gottes werden und finden, bei denen wir als Gottes Seelsorger/innen - durch unsere Taufe beauftragt, durch Gottes Wort ermutigt, durch das Heilige Mahl gestärkt - Hebammendienste leisten. Seelsorge nimmt teil an diesem Prozess Gottes in und mit der Welt.

Alltagsseelsorge in Kirche und Gemeinde

Alltagsseelsorge, die dem Menschen in diesem Kontext dienen und damit ein Zeugnis des Evangeliums geben will, setzt voraus, dass kirchliche Mitarbeiter/innen entsprechend ausgebildet werden. Vom Verständnis, dass alle getauften Christen/innen Lichtträger des Evangeliums sind, führt meines Erachtens ein direkter (theologischer) Weg zu der Zielorientierung, Ehrenamtliche für die Alltagsseelsorge gründlich zuzurüsten und auszubilden. Allerdings bedeutet das, Abschied zu nehmen von der Vorstellung, dass "unter" den ordinierten Geistlichen die Ehrenamtlichen - gleichsam notgedrungen als Lückenbüßer minderen Grades - (unliebsame) Teilaufgaben des pfarramtlichen Dienstes übertragen bekommen. Folgt man dem Modell einer offenen Kirche, die in der Beziehung zum Dreieinigen Gott ihr Zentrum hat und deren Glieder in die Gesellschaft gesandt sind, um das Evangelium zu bezeugen und den Dienst an den Ausgeschlossenen und Benachteiligten wahrzunehmen, dann erscheint es mir nicht nur sinnvoll, sondern geboten, Seelsorge als Aufgabe der Christen allgemein zu begreifen und dafür Voraussetzungen, Gelegenheiten und Strukturen zu schaffen, um die Gegebenheiten, in und an denen Seelsorge gebraucht und gewünscht wird, auch wahrnehmen zu können. Was Seelsorge vor Ort ist und tun kann, wird dann getragen - inmitten der Weltängste des Alltags - vom Glauben an den Seelsorger Jesus Christus, der die Welt überwunden hat.

Dialogische Seelsorge - sozial-diakonisches Handeln

Alltagsseelsorge als systemische Dialogpraxis begrenzt sich nicht auf geschützte Seelsorgeräume oder die Bereitschaft, für ein Gespräch präsent zu sein. Der Schritt der Seelsorge aus den "kirchlichen Mauern" heraus in den Alltag, in den jeweiligen gesellschaftlichen Kontext des ratsuchenden Menschen lässt sich aus meiner Sicht unmittelbar auf die Anforderungen einer Alltagsseelsorge übertragen. Dabei darf es meines Erachtens nicht nur um kommunikatives Handeln gehen, sondern untrennbar dazu gehört auch die materielle Dimension sozialer Probleme, um Besorgung der notwendigen Mittel, damit "Alltag" wieder gelingt. Die Fürsorge im guten Sinne beginnt da, wo Seelsorger/innen den Alltag der ratsuchenden Person verantwortlich in den Blick nehmen, konkrete Brücken in die neue Zukunft mitbauen, indem sie das Anliegen derer, die sich in ihrer Not an sie wenden, sozialanwaltlich unterstützen. Damit werden die Grenzen zwischen dialogischer Seelsorge und sozial-diakonischem Engagement bewusst durchdrungen, und zwar um der Glaubwürdigkeit des seelsorglichen Handelns willen. Alltagsseelsorge will soziale Netzwerke aktivieren, und sie muss mehr als einmal finanzielle Hilfe organisieren. Als systemische Praxis schafft Alltagsseelsorge damit eine Verbindung zwischen der cura animarum specialis, die den Einzelfall im Blick hat, und der cura animarum generalis, die sich um die Gemeinschaft, in der ein Mensch lebt, kümmert. Alltagsseelsorge kann die Veränderung von Einzelnen und Familien nicht von der der Gemeinschaft trennen.

Alltagsseelsorge der Kirche kann Bedingungen dafür schaffen, Prozesse der Vergebung, Versöhnung und neuer Hoffnung für den einzelnen Menschen, in Gemeinschaften und im Gemeinwesen anzustoßen und zu moderieren, um in Lebenskrisen und gesellschaftlichen Schieflagen zu entlasten, Einsichten zu erschließen, neue Wege zu finden und dem Ruf der Freiheit Gehör zu verschaffen.

Zusammenfassende Thesen

Die Gegebenheiten der Alltagsseelsorge erfordern eine Abkehr von Seelsorgekonzepten, die sich an psycho-therapeutischen Theorien orientieren. Die Würdigung des (in seiner Lebendigkeit bedrohten) Lebens, nicht die Würdigung des Problems sollte zentraler Ansatzpunkt der Alltagsseelsorge sein. Die Grundhaltung der Alltagsseelsorge ist geprägt von der Hoffnung auf neue Möglichkeiten der Zukunft und orientiert sich an:

Hoffnung stärken statt Frust ergründen.
Ressourcen fördern statt Defizite wahrnehmen.
Gesundes stärken statt Krankes bekämpfen.

Seelsorgliches Handeln im Alltag setzt einen klaren glaubens-theoretischen, nicht vorrangig oder ausschließlich psycho-theoretischen Bezugsrahmen voraus.

2.8 Übungen zum Begleiten

Die Übungsanleitungen mit Angehörigen und Trauernden, sind grundsätzlich hilfreich und freiwillig und bedürfen der Zustimmung des einzelnen.

Die Übungen zur Reorientierung können als Hilfe bei akuter Angst, bei Gefühlen, wie Ersticken, Ertrinken, etc. angewendet werden, wenn Sie sich sicher fühlen und die betroffene Person sich nicht durch ihre Anwesenheit beruhigen lässt.

Wenn, vorhanden, helfen die Ansprechpartner, Ärzte, Pflegefachkräfte, Mitglieder von SAPV-Teams, Fachkräfte der Palliativ-Care, Mitarbeiter von Pflegediensten, Pastoren, Pfarrer, Diakone u. a. Geistliche, die im Bereich Sterbebegleitung geschult sind.

Reorientierung „Wer, Wie, Wo, Was - Fragen"

Sprechen Sie den/die betroffene Person an und stellen
Sie ihm/ihr untenstehende Fragen

Aufgabe:
Fragen Sie die betroffene Person:
Wie heißen Sie?
Wo sind Sie hier?
Was ist passiert?
Welches Datum ist heute?
Wie spät ist es?
Welche Temperatur haben wir?
Wissen Sie wer ich bin?

Ziel:
Durch das Fragen, ermöglichen Sie der/dem Betroffenen
eine eigene Verortung an Ort und Stelle und ein Loslösen
von akuter Panik und Angst.

Reorientierung „5-4-3-2-1- Übung"

Aufgabe:
5 Dinge: Benennen Sie mir 5 Dinge, die Sie sehen. „Ich sehe..."

5 Geräusche: Benennen Sie mir 5 Geräusche, die Sie hören. „Ich höre.."

5 Körperwahrnehmungen / Wahrnehmungen:
Benenne Sie mir 5 Körperwahrnehmungen „Ich spüre..."
(keine Gefühle!)

Danach jeweils 4, dann 3, dann 2 und dann eine Wahrnehmung.

Ziel:
Durch die Selbstwahrnehmung findet eine aktive innere und äußere Verortung, Orientierung statt.

2.9 Übungen zur Verarbeitung

Fühlen Sie sich frei, in wie weit Sie mit diesen Übungen umgehen wollen. Prüfen Sie für sich die Effektivität und Wirksamkeit und urteilen sie erst nach einiger Zeit selbst, ob Sie einzelne Übungen für sich als hilfreich und stärkend erleben können.

Die Übungen sind bewusst in der „Du-Form" formuliert, weil sie einen leichteren Zugang ermöglichen und durch die Formulierung an sich nicht eine so große Distanz schaffen.

Die folgenden Übungen sind körperbasiert, sinnlich wahrnehmbar und erfahrbar und arbeiten mit inneren Bildern.

Übung: „Zentriere und schütze Dich"

1. Spüre Deine Senkrechte, nehme sie wahr, stelle sie her (im Sitzen, Stehen, mit etwas Übung ist das auch im Gehen möglich).

2. Atme in Deinen Unterbauch ein- und aus, halte Deinen Schwerpunkt (der Körperschwerpunkt liegt ca.3-5 Fingerbreit unterhalb und ca. 3-5 Finger innerhalb des Bauchnabels)

3. Entspanne Dich, mache Dich **schwer**, versinke und verbinde Dich mit dem Boden (ausfließende Basis wie Wasser / im Boden versinken).

4. Öffne Deinen Blick, schaue in die Peripherie, löse Dich von Gegenständen, fixiere nichts. (Löse Dich von den Dingen, dem Gefühl, den Gedanken, dem Stuhl, dem Gegenüber, etc.).

5. Lasse Gedanken und Gefühle los / ziehen, spüre Dich. Genieße die Stille, den Frieden, die Ruhe. Wenn Du Energiearbeit kennst, gehe weiter zu Schritt 6 und 7.

6. Nehme Deine Arme vor Deinen Bauch, **Bilde eine Wärme-Kugel / -Ball** zwischen Deinen **Hand-Innenflächen**. (Die Wärme fließt wie Wasser, strahlt wie Licht, aus den Fingern, den Handinnenflächen.

Du kannst mit der Wärme Dich, Deinen Körper „bestreichen" im Abstand von 10-20 cm, ein Wärme und / oder Licht-Schutzschild bilden).

7. Bilde eine Schutz-Wärme-Kugel / -Ball um Dich, **öffne Deine** Arme / **leeren Hände** außerhalb der Kugel **für Dein Gegenüber.** (Das funktioniert mit konkreten Situationen, Gefühlen, Ekel, Scham, Wut, Ohnmacht, Schmerz, etc.).

Sinn der Übung
Kontrollierte Wahrnehmung des Körpers, Abgrenzung und Schutzhülle imaginativ herstellen, selbstbestimmte Regulation von Spannungen, Anregung heilsamer Vorstellungen und helfender, schützender Körperwahrnehmungen.

Mögliche Gefahren
Für einige Menschen ist jede Form der Körperwahrnehmung bedrohlich oder unangenehm. Eventuell besteht noch keine ausreichende Fähigkeit zu kontrolliertem Umgang mit Vorstellungen, andere Dissoziationen werden angetriggert – hier ist es wichtig, möglichst rasch wieder im Raum, im „Hier und Jetzt" orientieren.

Übung: „Lichtdusche"

Nimm Deine Sitzposition, Deine senkrechte Körperachse wahr.

Lenke Deinen Atmen im Unterbauch, in Deinen Schwerpunkt beim Ein- und Ausatmen. Entspanne Dich.

Werde schwer, spüre Deine Füße auf dem Boden gut und sicher stehen, versinke in den Boden.

Löse Deinen Blick von Gegenständen und öffne Deinen Blick. Lasse Deine Augen einen Punkt oder einen Bereich im Raum finden, an dem sie gut ausruhen können. Schließe Deine Augen, wenn Du magst.

Stelle Dir vor, unter einer Dusche aus Licht zu stehen. Fühle das angenehme, wohltuende, heilsame Licht. Nehme die Farbe des Lichtes wahr. Es können Lichtstrahlen sein, ein Lichtkegel, eine warme wohltuende Quelle, es kann die Sonne sein, die Dir nah ist. Fühle, welches Bild für Dich passt.

Lasse wie unter einer Wasserdusche Deine Belastungen los, Lasse das Licht Deine Spannungen und unangenehmenen Körperwahrnehmungen oder Schmerzen sanft umspülen – vielleicht wird etwas leichter.

Es ist auch möglich, das Licht nach innen zu lenken, an Stellen, an denen Du Belastungen oder Spannungen spürst. Lasse sie mit dem Licht sanft umspülen, befrieden, lösen – vielleicht wird etwas leichter.

Wenn Du magst, lasse aus Deinem Inneren Dein Licht zurückstrahlen. Lasse sich Deine Strahlen, mit der äußeren Sonne verbinden.

Stelle Dir vor dass eine Kugel aus Licht Dich umhüllt, umgibt, sie stärkt und schützt Dich. Das Bild, die Wahrnehmung von einem schützenden Lichtmantel kann für Dich auch stimmen, entscheide selbst, welches Bild für Dich stimmt.

Lasse allmählich die Lichtwahrnehmung ausklingen, lasse sie schwächer werden, dimme sie herunter.

Wenn Du magst, bleibe noch bei Deinem Bild, Deiner Wahrnehmung, der Empfindung und löse Dich langsam von Deinem Bild, Deinem Gefühl. Öffne die Augen und fühle Deinen Körper, Deinem Atem.

Sinn der Übung
Kontrollierte Wahrnehmung des Körpers, selbstbestimmte Regulation von Spannungen, Anregung heilsamer Vorstellungen und helfender, schützender Körperwahrnehmungen.

Mögliche Gefahren
Für einige Menschen ist jede Form der Körper-wahrnehmung bedrohlich oder unangenehm. Eventuell besteht noch keine ausreichende Fähigkeit zu kontrolliertem Umgang mit Vorstellungen, andere Dissoziationen werden angetriggert – hier ist es wichtig, möglichst rasch wieder im Raum, im „Hier und Jetzt" orientieren.

3.0 Links für Sterbebegleitung und Trauer

Für die unten aufgeführten Links übernimmt der Autor keinerlei Haftung oder sonstigen Ansprüchen, z.b. auf Richtigkeit oder Vollständigkeit.

Online-Beratung für junge Menschen
www.u25-freiburg.de

Angehörige nach Suizid www.agus-selbsthilfe.de

Arbeitskreis Leben www.ak-leben.de

Evangelische Chatseelsorge

www.chatseelsorge.de

Interessengemeinschaft von Unfallopfern und deren angehörigen www.david-ev.de

Kindertrauma www.kidtrauma.com

Lokführer-Selbsthilfe mit Forum
www.lokfuehrer-selbsthilfe.de

www.telefonseelsorge.de

www.trauma-informations-zentrum.de

Traumahilfe Netzwerk www.traumahilfe-augsburg.de

www.weisser-ring.de

Zentrum für Trauma- und Konfliktmanagement Köln
www.ztk-koeln.de

Eltern:

Bundesverband verwaiste Eltern in Deutschland e.V.
www.veid.de

Elterninitiative plötzlicher Säuglingstod www.geps.de

www.vermisste-kinder.de

www.leben-ohne-dich.de

Initiative für brandverletzte Kinder www.paulinchen.de

Kinder:

Forum für trauernde Kinder und Jugendliche
www.allesistanders.de

www.elternlos.de

www.kinder.trauer.org

www,hilfe-fuer-kinder-krebskranker-eltern.de

www.kindertrauer.info

www.youngwings.de

Online-Beratung www.youth-life-line.de

Schule:

KIBBS Kriseninterventions- und Bewältigungsteam
Bayerischer Psychologen www.kibbs.de

Sinus www.schulische-krisenintervention.de

Umgang mit Tod und Trauer an Schulen
www.schulpastoral.drs.de

Trauer:

Forum für trauernde Kinder und Jugendliche
www.allesistander.de

kindertrauer.info

Selbsthilfegruppe Trauer nach Suizid www.trauer-nach-suizid.de

www.trauer.org

www.trauer-fundgrube.de

www.gute-trauer.de

www.trauernde-geschwister.de

www.trauernetz.de

Trauer und Trost für Kinder www.trauer-trost.de

Russische Telefonseelsorge

www.telefonseelsorge-berlin-brandenburg.de

muslimisches Seelsorge-Telefon www.mutes.de

Verschiedenes

http://www.allesistanders.de

www.kindertrauer.info

Arbeitskreis Organspende e.V. www.akos.de

www.elternlos.de

Unterstützung für Unfallopfer www.david-ev.de

Deutsche Gesellschaft zur Suizidprävention

www.suizidprophylaxe.de

Deutsche Hospiz-Stiftung www.hospize.de

Deutsches Notfallvorsorge-Informationssystem

(deNIS) www.denis.bund.de

Elterninitiative brandverletzter Kinder www.paulinchen.de

Elterninitiative Vermisste Kinder www.vermisste-kinder.de

www.notfallseeelsorge-ekvw.de Westfälische Landeskirche

Gemeinsame Elterninitiative Plötzlicher Säuglingstod (GEPS)

www.geps.de

Gewalt gegen Frauen www.katholische-internetseelsorge.de

Hilfe für Unfallopfer www.unfallopfer-netz.de

Hospiz Kaarst e.V. www.hospiz-bewegung.de

Koordinierungsstelle NOAH (Nachsorge, Opfer- und

Angehörigenhilfe www.bkk.bund.de

Tauer in der Schule   www.schulpastoral.drs.de

Nachsorgegruppe Opfer Hinterbliebenen Flugkatastrophe

Ramstein www.ppis.de/rammstein-katastrophe

http://www.nico-und-nicola.de

ökumenische Aktionsgemeinschaft für Verkehrssicherheit

www.sternschuppe-ev.de

SIDS plötzlicher Kindstod www,sids-network.org/

Suizidprävention notfallseelsorge.de

Suizidprävention für Jugendliche www.youth-life-line.de

www.trost-spenden.de

www.vermisste-kinder.de

3.1 Literaturauswahl

Dietlinde Baldauf, Birgit Waldenberger: Das Getragenwerden und Gehaltensein als tröstender Beziehungsraum. Eine psychoonkologische Begleitung für Krebspatienten, Angehörige und Betreuer. Würzburg 2008.

Jorgos Canacakis: Ich begleite dich durch deine Trauer. Stuttgart 1990.

Dorothee Dring: Die Brücke zurück ins Leben finden. Hilfen für Trauernde nach dem Verlust eines geliebten Menschen. München 2007.

Wolfgang Hagemann: Nach der Krebsdiagnose. Systemische Hilfen für Betroffene, ihre Angehörigen und Helfer. Göttingen 2003.

Roland Kachler: Damit aus meiner Trauer Liebe wird. Neue Wege in der Trauerarbeit. Stuttgart 2007.

Roland Kachler: Meine Trauer wird dich finden. Ein neuer Ansatz in der Trauerarbeit. Stuttgart 2005.

Verena Kast: Sich einlassen und loslassen. Neue Lebensmöglichkeiten bei Trauer und Trennung. Freiburg 1994.

Antje Uffmann: Trauern - und leben! Wege aus dem Trauerlabyrinth. Stuttgart

3.2 Schlusshinweis

Da ich aus Kostengründen auf ein professionelles Lektorat mit Redakteur, Begleitung und Aufbereitung des Manuskriptes durch einen Verlag verzichtet habe, können Fehler im Text enthalten sein. Ich habe den Text, das Layout und das Cover selbst erstellt und entworfen.

Sollte es zu Übereinstimmungen mit anderen Werken gekommen sein, so bitte ich dies zu entschuldigen und mir umgehend mitzuteilen, damit es zu keinen Urheberrechtsverletzungen kommt und wenn doch, dass ich diese umgehend beheben kann.

Ich freue mich jederzeit über Anregungen, Kritik, Ergänzungen und Feedback, Sie können mir gerne per Email schreiben an:

Linus.Botha@gmx.de   Vielen Dank !!!